教職概論

人間教育の理念から学ぶ

鎌田首治朗

|編著|

ミネルヴァ書房

は じ め に
―― 人間教育を目指す教師力を ――

梶田叡一

「教育は人なり」である。良い教育のために必要とされる第一の条件は，教師である。尊敬できない教師，指導力に欠ける教師に出会ってしまえば，どんなに立派な校舎・行き届いた設備・優れた教材があっても，本当の教育は不可能である。

平成17（2005）年10月に，私自身も中央教育審議会教員養成部会長等として議論の取り纏めに当たり，中央教育審議会答申「新しい時代の義務教育を創造する」を公表した。ここでは，「国民が求める学校教育を実現するためには，子どもたちや保護者はもとより，広く社会から尊敬され，信頼される質の高い教師を養成・確保することが不可欠である」という指摘がなされ，「優れた教師」の条件として「大きく集約すると次の三つの要素が重要である」とされている。

(1)　教職に対する強い情熱
(2)　教育の専門家としての確かな力量
(3)　総合的な人間力

まさに，この三つの条件を兼ね備えた教師が教育現場には不可欠なのである。大学で教職を目指す学生諸君には，第一の「教職に対する強い情熱」を自分自身の内面から涵養していくことをまずもってお願いしたい。その上で第二の「教育の専門家としての確かな力量」を身につけて頂かなくてはならない。本書の各章に展開されているところは，具体的な形で教育専門家としての力量形

i

成を図るために大事な内容であり，よくよく学んで頂きたいと思う。さらに，その上に，この答申で第三の「総合的な人間力」として言われている次のような点についてきちんと受け止めて頂きたいと思う。

「子どもたちの人格形成に関わる者として，豊かな人間性や社会性，常識と教養，礼儀作法をはじめ対人関係能力，コミュニケーション能力などの人格的特質」を日常生活の各場面を通じて育成していって頂くことも，切にお願いしたいところである。

平成27（2015）年12月には，中央教育審議会答申「これからの学校教育を担う教員の資質能力の向上について――学び合い，高め合う教員養成コミュニティの構築に向けて」が出されている。ここでは，次の三点が指摘されている。

(1)　これまで教員として不易とされてきた資質能力に加え，自律的に学ぶ姿勢を持ち，時代の変化や自らのキャリアステージに応じて求められる資質能力を生涯にわたって高めていくことのできる力や，情報を適切に収集し，選択し，活用する能力や知識を有機的に結びつけ構造化する力などが必要である。

(2)　アクティブ・ラーニングの視点からの授業改善，道徳教育の充実，小学校における外国語教育の早期化・教科化，ICT の活用，発達障害を含む特別な支援を必要とする児童生徒等への対応などの新たな課題に対応できる力量を高めることが必要である。

(3)　「チーム学校」の考えの下，多様な専門性を持つ人材と効果的に連携・分担し，組織的・協働的に諸課題の解決に取り組む力の醸成が必要である。

この答申で指摘されているのは，とりわけ現代社会で求められている教師の力量のあり方の特質であると言ってよい。本書の各章を学ぶ方々には，是非ともこうした諸点についても念頭に置いて頂きたい，と念願する次第である。

さて，現代の学校教育において学ぶ側に求められている基本のところもまた，我々は常に念頭に置かなくてはならない。小中高等学校を経て，さらには大学

を経て，若者達は必要な知識・理解・技能を習得し，自分の仕事を有効適切に遂行するための思考力・創造性・問題解決力などを身につけていくわけである。

　しかしながら，それだけでいいということではない。自分の学んだものを自分の責任で有効適切に活用していくための主体としての力が育たなくてはならない。「有能な駒」ではなく「賢明な差し手」にならなくてはならないのである。

　こうした「主体創り」を実現していくためには，指導する側の教師に，「人間教育」についての見識と，それに基づく人間的成長・成熟を実現していくための方法意識が不可欠となる。本書の副題に「人間教育の理念から学ぶ」ということがうたわれているのはまさにそのためである。

　ここに述べてきたところからも，現在の日本社会で求められている「教師力」の概要とその不可欠な要件を考えてみることができるのではないだろうか。これをどう実現していくかが，良き教師になろうとする人，優れた教師であろうとする人にとって，最も緊要な課題となる。本書がそうした方々にとって良きテキストとなり，参考書となることを心から祈念したいと思う。

参考文献

梶田叡一『教師力の再興——使命感と指導力を』文溪堂，2017年。
梶田叡一『自己意識と人間教育（自己意識論2）』東京書籍，2020年。

目　次

はじめに——人間教育を目指す教師力を

第1章　教職への道——自分を磨く …………………………………… 1
　1　人間教育とは何か ………………………………………………… 1
　2　自分磨き …………………………………………………………… 11

第2章　幼児教育——保育者として ………………………………… 23
　1　子どもの理解者としての保育者 ………………………………… 23
　2　素敵な保育者になるための力 …………………………………… 27
　3　より頼られる保育者になるために ……………………………… 32
　4　これからの保育者を目指して …………………………………… 36

　コラム1　部活動を真剣に取り組んでいるあなたへ　41

第3章　小学校教員の仕事 …………………………………………… 42
　1　教職の特徴 ………………………………………………………… 42
　2　小学校教員の仕事における不確実性 …………………………… 45
　3　小学校教員の仕事における無境界性 …………………………… 50
　4　小学校教員の仕事における再帰性 ……………………………… 53

第4章　中学校・高等学校教員として考えたいこと …………… 59
　1　なぜ学校で学ばなければならないのか ………………………… 59
　2　子どもたちが学校に行く理由とは ……………………………… 60
　3　中学校・高等学校の教員の役割 ………………………………… 64

　　4　未来へつなぐキャリア教育‥‥‥‥‥‥‥‥‥‥‥‥‥‥‥‥‥‥‥‥‥‥68

　　5　次代を担う子どもたちのために‥‥‥‥‥‥‥‥‥‥‥‥‥‥‥‥‥‥‥71

　　コラム2　学校支援ボランティアに　73

第5章　授業づくり‥‥‥‥‥‥‥‥‥‥‥‥‥‥‥‥‥‥‥‥‥‥‥‥‥‥‥‥74

　　1　「授業づくり」こそ，最も大切な教員の仕事‥‥‥‥‥‥‥‥‥‥‥‥74

　　2　「授業」とは，教室で「学び合う」こと‥‥‥‥‥‥‥‥‥‥‥‥‥‥77

　　3　授業づくりの実践例――授業づくりは試行錯誤の繰り返しであれ‥‥‥‥83

　　4　授業づくりは，学級づくり‥‥‥‥‥‥‥‥‥‥‥‥‥‥‥‥‥‥‥‥87

第6章　学級経営とインクルーシブ教育‥‥‥‥‥‥‥‥‥‥‥‥‥‥‥‥‥91
　　　　　――通常学級における特別支援教育のあり方と関わって

　　1　秩序のある居心地のよい学級とは‥‥‥‥‥‥‥‥‥‥‥‥‥‥‥‥‥91

　　2　秩序のある学級を作るための三本柱‥‥‥‥‥‥‥‥‥‥‥‥‥‥‥‥95

　　3　子どもから信頼・尊敬される教師になるためには‥‥‥‥‥‥‥‥‥103

　　コラム3　アルバイトしかできないあなたへ　109

第7章　教員が知っておきたい心理学‥‥‥‥‥‥‥‥‥‥‥‥‥‥‥‥‥111

　　1　子どもを理解するために‥‥‥‥‥‥‥‥‥‥‥‥‥‥‥‥‥‥‥‥111

　　2　子どもを理解するための具体的な方法‥‥‥‥‥‥‥‥‥‥‥‥‥‥117

　　3　人間としての成長のための教育‥‥‥‥‥‥‥‥‥‥‥‥‥‥‥‥‥119

第8章　学びを創造する「チーム学校」‥‥‥‥‥‥‥‥‥‥‥‥‥‥‥‥126

　　1　「チーム学校」とは何だろう？‥‥‥‥‥‥‥‥‥‥‥‥‥‥‥‥‥126

　　2　学校力を高める「チーム学校」‥‥‥‥‥‥‥‥‥‥‥‥‥‥‥‥‥133

　　3　チーム学校におけるリーダーとリーダーシップ‥‥‥‥‥‥‥‥‥‥136

　　コラム4　大学で緩まない　146

第9章　服務規律，研修，身分保障と懲戒処分等について考える …… 147
　　　　──信頼され，成長し続ける教員であるために

　1　教育公務員の服務規律 …………………………………………… 147

　2　研　修 ……………………………………………………………… 152

　3　教育公務員の身分保障と懲戒処分等 …………………………… 158

　4　信頼され，成長し続ける教員であるために …………………… 160

第10章　教育実習 ………………………………………………………… 163

　1　なぜ教育実習をおこなうのか …………………………………… 163

　2　教育実習に参加するにあたって ………………………………… 165

　3　「チーム教員」の一員として …………………………………… 167

　4　教育実習の一日 …………………………………………………… 170

　5　教育実習の学びを深める ………………………………………… 175

　6　理想の教師像を求めて …………………………………………… 177

第11章　教員採用試験 …………………………………………………… 181

　1　教員採用試験とは ………………………………………………… 181

　2　教員採用試験が求める人物 ……………………………………… 185

　3　教員採用試験の特徴 ……………………………………………… 192

　4　面　接 ……………………………………………………………… 193

　5　合格者から学ぶべきこと ………………………………………… 197

　　コラム5　私たちの可能性──意志の力　202

索　　引　205

第1章　教職への道
——自分を磨く

　本章で語る内容は，次の二つある。一つは，人間教育の理念から教師を目指す学修者の歩む道を考えること。もう一つは，その道を歩む学修者のあり方について考えることである。教職への道は，自分磨きの道である。ここでは，教員に求められる資質・能力は何で，大学生としてその資質・能力を獲得するためにはどのような自己への挑戦，どのような価値観，姿勢が必要なのかをわかりやすく語りたい。それは，自らの人生を有意義なものにするためにも役立つものである。大学での4年間を，教員に求められる資質・能力を育てる充実した，引き締まった4年間にしてほしい。

1　人間教育とは何か

（1）人間教育とは何かを考える

　人間教育とは何か。それは，人間が人間になることを目指す教育，学習者の人間的成長を目指す教育である。この世に生を受けた尊い存在である学習者一人ひとりが，人生を通して深い人間的価値を手にしようと自分を磨き，探究し続けようとする存在に育ってくれる——このことを願い，目指し，実現しようとする教育である。

　その実現のために人間教育は，〈我々の世界〉を生きる力（社会，組織の一員として生きる力）だけでなく，〈我の世界〉を生きる力（自分の内面世界をつくり，磨き，自分で主体的に生き抜く力）を磨き，深め続けることを重視する。〈我の世界〉を生きる力，〈我々の世界〉を生きる力は，「生きる力」を個人の内面世界と社会的な面との二つの面から論じようとするものである（梶田，2016，3〜5

I

ページ）。〈我の世界〉を生きる力を深めてこそ，人間は現実の社会，自らの人生を主体的に生き抜くことができる。そのためには，個人は学び続け，より深い自己との対話を行い，自分のことを深く理解しようとし続けなければならない。この学びを通して，自らの感情をコントロールし，自己の価値観，世界観，換言すれば認識・哲学をより深いものにできる自分になるために，その努力を重ねなければならない。これは，教育基本法にある教育の目的，「人格の完成」の道を歩むことと重なることである。

　人間教育を唱えてきた梶田叡一は，人間教育を「『人間としての尊厳』を具現化していく教育」と表現し，〈我の世界〉を生きる力を育てる重要性を強調するとともに，そのために世間的な価値観に埋没せず，自分の「実感・納得・本音」を尊重すること，自己内対話を大切にすることを述べている（梶田，2016，1～9ページ）。人間教育は，梶田叡一の自己意識の心理学研究を土台に，「教育目標の分類学」「完全習得学習」などで知られるブルーム（Bloom, B.S.）の教育理論，それを梶田が日本に適合させる形で発展させた教育評価理論，授業改善理論（目標分析の手法）等からなる。その目指すところから，人間教育は学習者の人間的成長の実現のために有効なすぐれた授業実践，授業理論を本質的に問い，不易の立場から学び発展させようとするものでもある。そして，複雑で多面的で，可能性を秘めた人間というものを，総合的にとらえようとせず，ペーパーテストの点数や偏差値で見切ってしまう偏差値教育とは，対極に位置する教育であるといえる。

＊1　〈我の世界〉〈我々の世界〉は，梶田叡一（1941～）の用語であり，人間教育を理解する上で重要な用語である。梶田は，〈我の世界〉と〈我々の世界〉，それに関連する自己意識のあり方について次のように述べている。「『〈我々の世界〉に生きる』ことは，外面的で世俗的な世界を重視する生き方であり，世の中でバリバリ仕事をし，大きな影響力を持ち，広く尊敬され，……といった方向を目指す道である。これに対して『〈我の世界〉に生きる』ことは，内面的で精神的な世界を重視する生き方であり，世の中の動きからは距離を置き，与えられた自らの生命の意義の自覚を深め，自分自身の充実した世界を作り……といった方向を目指す道である」（梶田，2008，46ページ）

（2）教育とは何かを考える

　教育とは何か。この問いを教育基本法から考えてみよう。教育基本法は，以下のように第 1 条で教育の目的を述べている（下線は筆者による）。

　教育は，人格の完成をめざし，平和的な国家及び社会の形成者として，真理と正義を愛し，個人の価値をたつとび，勤労と責任を重んじ，自主的精神に充ちた心身ともに健康な国民の育成を期して行われなければならない。

　第 1 条は，教育の目的として A：「人格の完成」と，B：「平和的な国家及び社会の形成者」としての「心身ともに健康な国民の育成」を挙げている。A と B は人間教育の理念でいう〈我の世界〉と〈我々の世界〉に対応している。そして，B では①真理と正義を愛し，②個人の価値をたつとび，③勤労と責任を重んじ，④自主的精神に充ちていること，を求めている。この①から④は，学習（修）者の〈我の世界〉を問うものでもある。「真理と正義を愛し」たり，「個人の価値をたつとび」「勤労と責任を重んじ」たり，「自主的精神に充ちている」のは〈我の世界〉，つまり学習（修）者の内面世界のことだからである。このことは，A がなければ，B は真には実現しないことを意味している。このように考えると，「人格の完成」はいっそう重要になる。

　では，「人格の完成」とは何か。これを「教育基本法制定の要旨」（昭和22年5月3日文部省訓令第 4 号）は，「個人の価値と尊厳との認識に基き，人間の具えるあらゆる能力を，できる限り，しかも調和的に発展せしめること」（ルビは筆者）であると述べている。

　＊ 2　学習（修）者とは，学習者と学修者のこと。「学習者」は，高校までの学び手を指し，「学修者」は大学生を指す。

「人格の完成」を具体的に考える

「人格の完成」や望ましい〈我の世界〉とは具体的に何なのか。もう少し具体的に述べてほしいという要望は少なくない。本来は，これらの問いの解を各自が考えてこそ，「人格の完成の道」を歩むことになる。しかし，学修のためにあえて具体的に考えてみよう。そのために，示唆に富んだ表現を以下に紹介する。これは，聖書からの引用である（『コリントの信徒への第一の手紙』第12章第31節後半から第13章第8節。下線は筆者による）。

---

[31]そこで，わたしはあなたがたに最高の道を教えます。[1]たとえ，人々の異言，天使たちの異言を語ろうとも，愛がなければ，わたしは騒がしいどら，やかましいシンバル。[2]たとえ，預言する賜物を持ち，あらゆる神秘とあらゆる知識に通じていようとも，たとえ，山を動かすほどの完全な信仰を持っていようとも，愛がなければ，無に等しい。[3]全財産を貧しい人々のために使い尽くそうとも，誇ろうとしてわが身を死に引き渡そうとも，愛がなければ，わたしに何の益もない。

[4]愛は忍耐強い。愛は情け深い。ねたまない。愛は自慢せず，高ぶらない。[5]礼を失せず，自分の利益を求めず，いらだたず，恨みを抱かない。[6]不義を喜ばず，真実を喜ぶ。[7]すべてを忍び，すべてを信じ，すべてを望み，すべてに耐える。[8]愛はいつまでも絶えることがない。

ここで述べられていることは，「愛」についてである。この「愛」は，人間教育が目指す人格や「徳」についても重なるところがある。「忍耐強い」「情け深い」「ねたまない」「自慢せず，高ぶらない」「礼を失せず，自分の利益を求めず，いらだたず，恨みを抱かない」「不義を喜ばず，真実を喜ぶ」「すべてを忍び，すべてを信じ，すべてを望み，すべてに耐える」──これらを身に付けている人は人格の高い人といえ，徳の高い人といえる。ここで「最高の道」と表現されている道は，「人格の完成の道」といってもよい。

問われるのは教師のあり方

人間教育の理論から「教育とは何か」という問いを考えると，その実現のた

めには次の二つのことが必要になるといえる。

(1)　学習（修）者が「人格の完成」の道を歩むこと。
(2)　(1)の実現のためにも，教師自身が自らの人生を生き抜くためにも，学習
　　（修）者を育てる教師自身が「人格の完成」の道を歩んでいること。

　本書では，「あり方」という表現が出てくる。「あり方」とは，「やり方」と
対をなす表現で，「やり方」だけでは明らかにならない人間の深い部分，内面
世界を大切に問う言葉である。具体的には，豊かで深い人格や徳を手にしよう
と努力する姿勢を指し，その時点で当人が到達し得た人格を意味している。
　換言すれば，(1)は学習（修）者に人間としてのあり方を実現しようとするも
のである。学習者に人間としてのあり方を実現しようとすれば，教師は自分の
あり方を問われる。学習（修）者を「あり方の深い人間」に育てる教師が「あ
り方の浅い人間」では，教育は上手く進むはずがない。それが，(2)の表す意味
である。教師が「師」と呼ぶにふさわしい人間であってこそ，教えを受ける学
習（修）者は育つことができる。教師が，自分を磨き，〈我の世界〉を深めよう
と真摯に学び，努力している人であってこそ，学習（修）者もそのような人間
になりたいと思える。教師が，偏差値で人を値踏みしたり，指導が上手くいか
ないことを学習（修）者のせいにしたり，正解を効率的にペーパー上に再現さ
せることに汲々としているようでは，学習（修）者を「あり方」に導くこと
は困難になる。それでは，教「師」から「師」が外れ，正解を教えるだけの教
え屋になってしまう。
　教師という仕事は，自分の成長が学習（修）者の成長につながる仕事である。
そこに教師のやりがいもある。教師は，「師」たるにふさわしい人間としての
あり方を求めてこそ，その仕事が充実する。教師は，自分を磨くこと自体が仕
事になる存在である。

（3）〈我の世界〉と自分解

教育に正解はない

　教育に正解はない。重要な問題であればあるほど，テストや問題集に存在するような固定的で，安定した，安心できる便利な「正解」は存在しない。もちろん，いじめ問題への対応や危機管理，個人情報保護等，重要な問題における対応のマニュアルというものが学校現場には存在する。教師は，これら重要問題のマニュアルに精通しておく必要がある。しかし，これらのマニュアルがあっても片付かない難問が，学校現場には多く存在する。

自分解

　正解の代わりに存在するものは，自分の解（自分解）である。自分解は，教師がどうすれば目の前の学習者のためになるのかを必死で悩み，考え抜いた解である。それは，「ベスト」なものではなく，自分が精一杯考えた中からやっと導き出した，今よりは「ベター」であると自分が納得できる解でしかない。そこに，成功の保障は存在せず，「これしかない」「これなら，上手くいかなくても自分は納得できる，責任を取れる」というものがあるだけである。
　自分解は，自分の〈我の世界〉の中から生まれる。したがって，自分解は〈我の世界〉の質を問う。豊かで深い自分解は，豊かで深い〈我の世界〉からしか生まれようがない。貧しくて浅い〈我の世界〉では，貧しくて浅い自分解しか生み出せない。それでは，人生や教育の難問に応えることはできず，人生を生き抜くことができない。後悔ではなく納得できる自分の人生を実現したいのであれば，〈我の世界〉を豊かに深めなければならない。

主体的に考える

　教師の道は，その道を歩む人間の姿勢，価値観によって恐ろしいまでの異なりをみせる。年々，人としても教師としても輝きを増す人と，その逆の人，その差は，肩書きで決まるものではない。あくまでも，その教師のもつ人間とし

ての姿勢，その人の内側にある〈我の世界〉のあり方によって決まる。これが人間教育の視点である。

　自分解を生み出す過程で，先輩方や先人の教えに学び，周囲の意見に真剣に耳を傾けることは極めて重要なことである。とりわけ，管理職の先生の指導には，それが法の範疇にある限り，教師として，チーム学校の一員として，従わなければならない。しかし，チームの意見（チーム解）ではなく，自分解を決めなければならないときに，納得もしていないのに安易に他人の意見を真似てしまうと後で後悔することになる。自分解の結果責任は，自分が負うことになるからである。それだけでなく，せっかく直面できた結果や失敗から真摯な自分の学びができなくなる。自分解をつくる行為は，主体的でなければならないということである。自分解をつくるのは自分自身であり，それは誰かに依存できるものではなく，依存してはならない行為である。だからこそ，教師は〈我の世界〉を問われる。

（4）学習者理解

やり方だけではなくあり方を

　教育の難問に単一の正解が存在できない原因の一つは，その対象が人間であり，一人ひとりの人間が多様で複雑，そして奥深い内面世界をもっていることにある。そのことにより，教育は「やり方」だけでは対応できないさまざまな要素が入り乱れた，変数だらけの極めて複雑な世界となる。

　書店に行くと，教育のコーナーには授業のやり方や指導のやり方を述べたHow to 本が所狭しと並び，若い教師だけでなくそこそこの経験年数の教師までもがそれらを買い求めていく。質の低い本は，このやり方こそが唯一の正解であると言わんばかりに強気に述べる。その言葉の勢いに惹かれて購入する人もいる。共通することは，正解を求め，困り事を見事に解決できる「青い鳥」を探している点である。しかし，残念ながら教育という世界には，誰がどんな学習者集団を対象にやっても同じ結果を生み出すような「青い鳥」は存在しない。確かな計算ができるのは自分自身だけであり，その自分のあり方が自分の

やり方を生み出す。「青い鳥」は，自分の中にいる。

　教育は，対象が人間であるだけに，文脈，因果，複雑な要素と要素の関係，多くの変数で埋め尽くされる。仮に，変数に値1を入れたとする。しかし，その値1とは，教育においては数字ではなく一人の学習者を意味する。新型コロナウイルス感染症による休校要請で影響を受けた学習者は，小学校約640万人，中学校約320万人，高等学校約320万人，特別支援学校約14万人の計約1300万人と報道ではいわれている。仮に値1が，1300万人のうちの一人，「鎌田首治朗さん」という学習者に確定したとする。その途端に，教師である自分は，学習者である鎌田首治朗さんのことをどのように，どれだけ深く理解しているかを問われる。その理解が確かでなければ，鎌田首治朗さんによかれと思ってやった指導内容，支援内容，かけた言葉が，思った成果にはつながらなくなる。結局，学習者のためになる指導を行おうとすれば，自分の学習者理解力が問われる。それは，自分が学習者をどれだけ理解できる人格をもっているのかを問われていることに等しい。他者を理解できるかどうかは，自分の〈我の世界〉の質によるからである。一つのものの見方だけに縛られて身動きできない狭い自分になってはいないか，多様な観点から相手の背景，因果，文脈に思いを馳せ，相手の本音を理解できる人間としての値打ちをもっているのか，といったことが問われている。

　誤解が生まれないように注意して述べておく。「やり方」を否定しているのではない。例えば，大学の各教科教育法を大事に学ぶことは絶対に必要である。このことは強調しておく。指導案が書けずに教育実習に臨むことはできない。やり方は問われる。しかし，それだけで教育の難問を乗り越えていけると考えることはできない，ということである。実習に話を戻せば，指導案を書くことができても，目の前の学習者たちとうまく人間関係を築けない実習生では，学校と指導教員は頭を抱えてしまうことになる。

学習者理解

　教育活動の根本にあるものは，教師の学習者理解力である。学習者に届く言

葉，届く指導は，突き詰めれば学習者一人ひとりによって異なる。教育が一人ひとりの学習者を大事にするという言葉は，綺麗事ではない。教師は，一人ひとりの学習者理解を大事にしなければ，上手く仕事ができないということである。Aさんという学習者を，教師がどう理解しているかということがあってこそ，Aさんに届く言葉が生まれ，Aさんに届く指導が生まれる。

　しかし，学習者理解は容易いことではなく，難しいことでもある。どの教師も，学習者を見落としたくて見落とすのではない。それなのに，現実的には見落としてしまう。決して教師の多忙だけが原因なのではない。学習者理解力がなければ，多忙でなくとも学習者のSOSを見落としてしまう。問題は，一人ひとりの教師の学習者理解力であり，それを生み出す教師の〈我の世界〉である。

　日本の教師は，問題や事情を抱えた子どものことを懸命に理解しようとする。しかし，優秀だと評価されている子どもの苦しさを見落としてしまうことがある。このことに気が付ける教師は，そうでない教師より優秀である。

　しかし，そんな教師であっても，見落としは起こる。それが，問題を抱えているわけでもない，優秀だと思われているわけでもない，世間が簡単に「普通の子」と呼んでしまう多くの子どもたちのことである。この子たちは，学校と教師の話を素直に聞き，約束を守ろうとし，健気に頑張っている。しかし，そのことが教師からみると安心材料に変わってしまう。安心して，その子どもの奥にある声を聞こうとしなくなる。「先生，僕は今日も頑張ったよ。でも先生は，今日も僕に声をかけてくれなかったね」――こういう思いをする子どもを生み出してはならない。

　これらの見落としが起きる原因は，どこにあるのだろうか。先に述べたように多忙化だけが原因ではない。そこには，苦しさが特定の子どもにだけに存在する特別なものだという認識上の問題があるが，そうではない。苦しさは，本来自分も含めた，すべての人の心の中にある。

司（つかさ）

　ある学生から，こんな質問をもらったことがある。

「学習者理解の重要性はわかります。そのために自己理解が求められることも何とかわかります。しかし，具体的には何をどうしたらいいのですか？　何を理解しようとすればいいのでしょうか？」

　自分事で学習者理解のことを考えるからこそ生まれる切実な質問である。その質問に応えたいと考えた。教師の学習者理解の弱さから苦労してきた学習（修）者にも多く出会ってきた。これらと向き合う中で，次の言葉が筆者の〈我の世界〉から生まれた。それが「つ・か・さ」である。

　教師は，学習者を司っている。だからこそ教師は，学習者の心の中にある「つ・か・さ」を理解しようと努めよう。「つ」とは，辛（つら）さのことである。「か」とは，悲しさのことである。「さ」とは，寂しさのことである。

　この「つ・か・さ」にあたるものが，一人ひとりにとっては何なのかを理解しようと考えてみる。すると，何かがみえてくるはずである。この「つ・か・さ」は，特定の学習者だけに存在するものではない。学習者理解を確かに深めるためにも，教師自身の「つ・か・さ」をていねいに，優しくみつめられているかを自分で振り返りたい。都合の悪い不格好な自分は，誰にでもある。だから，決して自分で自分をいじめてはならない。弱くて，ずるくて，狭量な自分の奥に，大切な人への大きな愛が存在していることもある。大事に自問自答を行いたい。そのことがまた，自らの学習者理解を深くするはずである。

　学習者理解は，教師の〈我の世界〉の到達点，「人格の完成の道」のどこを歩んでいるのかを示すものでもある。理解には，自分の人格が現れる。これらをふまえて，次の二つの問いを教壇に立つ人は大事にしてほしい。

　問１：勉強ができずにいる学習（修）者（学修者にとっては，身近な大学の友だち）の「司」をわかっていますか。
　問２：教室に，学校に，ホッとできる心の居場所がない学習（修）者（同上）の「司」をわかっていますか。

2　自分磨き

　誤りはあっても単一の正解はないというのは，教育だけでなく，人生の難問においても同じである。これらの難問には，主体的に自分解を創り出すことが求められる。さらに，その自分解には〈我の世界〉が現れる。とすれば，教員を目指す学修者はもちろんのこと，他の職業に就こうとする学修者も，自らの人生を生き抜くために本気で自分の人格を，〈我の世界〉を磨かなければならない。教育基本法が，すべての学習（修）者に人格の完成を求めているのは，そのためでもある。しかし，不完全な私たちである以上，自分磨きをしなければ，私たちの自分解は，独りよがりの，歪んだ解，間違った解になる危険性がある。では，どうすれば自分磨きができるのか。本節ではこの大事な問題を考えてみよう。

（1）学ぶということ

学びの対象

　教師は，学び続ける存在でなければならない。教師は，常に自分を成長させていくから教師として存在できる。そうなるために必要不可欠な力が，「学びに向かう力」と「学ぶ力」である。「学ぶ力」は，課題を自覚し，課題に向かう「学びに向かう力」によって伸びていく。教師は，学びの対象を開拓し，発見し，自覚的に課題に挑戦し，挑戦から学ぶ力が必要である。それは，「学びに向かう力」という学ぶ意欲によって支えられている。

　学ぶためには，何から学ぶのか，何が学びの対象か，ということが問われる。

　対象の一つめは，本である。教員は，本から本質を学ぼうとする人でなければならない。そのためには，How to 本を学ぶレベルで満足してはならない。教育に携わろうとする人間は，進んで哲学や文学批評理論，宗教の本を読む人であってほしい。

　二つめは，先哲から学ぶことである。教育の世界には，困難な時代に瀕する

ことなく，学び，自らを研鑽した先哲が多く存在する。先哲の理論と人間性を，批評的に学んでほしい。

　三つめは，体験（特に失敗体験，苦労体験）から学ぶことである。後述する「PDCAサイクル」によって，自分の失敗，自分の停滞，自分の現実，自分の体験から深く学べる人でなければならない。そのためには，失敗の意義と自問自答（＝自己内対話）の重要性を深く受け止めてほしい。物事をよく考え，深く考えようとし，自らの思考を批評的に検討できる人であってほしい。自分への真の愛情を基に，自分を分析し，判断し，表現できる人であってほしい。

　四つめに，出会えた周囲の人から学ぶことである。初めは，師や尊敬する人を真似ることから始めてもよい。ただし，それだけでは本質は学べない。師や尊敬する人が乗り越えてきた苦労を自分も体験することなしには，みえてこないものがあるからである。目にみえるもの，耳に聞こえるものだけでは本質には迫れないということを自覚し，みえにくく，聞こえにくい本質を，観よう，聴こうとする姿勢と意欲を大事にしなければならない。そのためにも，みえるものは一層注意深く観ようとし，聞こえるものは一層集中して聴こうとすることである。

学びの基本

　学びの基本に，２Ｗ１Ｈがある。２Ｗ１Ｈとは，の２つのＷ（what）（why）と，１つのＨ（how）である。

　2003PISA型読解力が低下し，大問題になった際に，PISA型読解力とは何かを考えずに議論している人たちが少なくなかった。「PISA型読解力とは何か」「言葉の力とは何か」「読むこととは何か」「人格とは何か」……問題になっていることとは，そもそも何なのか（what）をつねに大事に考えるようにしたい。そのうえで，自分の意見はなぜそうなるのか（why），論者が述べていることを自分ならどうするか，どのようにするのか（how），を自問自答するようにしたい。

　学びの基本は，自分事で考えることである。自らが考えなければならない問

題を他人事にしている人間には，成長はない。自分事で考え，自分がそう考え
る理由は自分自身の一体どこからくるのか，必ず自分自身と深くつなげて自問
自答することである。

（2）自己理解

自己理解を基にした学習者理解

　第1節（4）で述べた学習者理解は，たとえ「つ・か・さ」を知ったからと
いって自動的に進むものではない。辛さ・悲しさ・寂しさの理解には，教師の
〈我の世界〉のレベルが現れる。結局，私たちは〈我の世界〉を愚直に磨くしかな
い。そのために必要なことが，自問自答（＝自己内対話）を通した自己理解で
ある。

　そもそも，外側からは限りなくみえにくい学習者の内面世界に働きかけよう
とすれば，その限りなくみえにくい相手の内面世界を，進んで理解しようとす
る姿勢，理解しようとする力が求められる。それらが欠けていたり，弱かった
りしていては，学習者理解が深まることはない。とはいえ，他者のみえにくい
内面世界がすぐに理解できるはずもない。そこでは，それを支える羅針盤が必
要になる。その羅針盤こそが，自分をどう理解しているか，どう理解してきた
かという自己理解である。他者を理解するためには，まず他者の内面世界より
は理解しやすいはずの，自分の内面世界を理解しようとしなければならない。
しかし，自己理解に取り組んだ自覚的な人間は，一様にこう感じる――自分は，
自分のことさえ十分には理解できていなかったのだ，と。この実感，理解こそ
が，他者である相手を理解しようとする姿勢を一層強め，理解する力を深める。
自分のこともわからない自分が，自分ではない他者の内面世界を理解できるは
ずがないのである。学習者理解は，自己理解からである。

自己理解の重要性

　この自己理解のためには，「自分が何者か」をしっかりと考え，深化させて
いきたい。それは，「自分らしさ」や「ありのままの自分」，自分の強みが何か

を認識することにもなる。

　例えば、ここに「亀」という自分がいるとする。足が遅い自分が嫌いで、それがコンプレックスで、自分を丸ごと受けとめず、自分と対話してこなかったとき、その人は自分の人生の難問と向かい合えるのであろうか。「私は、どうせのろまな亀だから」と自分を否定し、なれるはずのない「ウサギ」に憧れ、勝手に自分を忌み嫌い、「私は足が遅い」と嘆く「亀」では、自分の強さや価値に気付くことはできないであろう。「亀」の強さは、重い甲羅を背負っても、一歩、また一歩と前に進む努力にある。何があろうと歩みを止めない強さが、そこにはある。愚直なほど努力できることが「亀」の強さであり、価値である。

　イソップ童話では、「ウサギ」と「亀」の競争は、「ウサギ」が自分の足の速さに油断して昼寝をしている間に「亀」が勝つ。それは、人生の教訓にも通じている。しかし、イソップ童話の「亀」が「ウサギ」に勝てたのは、その「亀」が、自分は「亀」であることを理解し、受け容れていたからである。足の遅さを「ウサギ」や世間に嘲られようとも、「亀」は「亀」らしく、自分の道を真っ直ぐ進んだからである。「亀」が自分の足の遅さを恨めしく思い、足の遅い自分が勝てるはずがないと諦め、自分らしく歩くことをしなかったら、「亀」は「ウサギ」に勝ってはいない。

　「自分が何者か」をとらえ違えると、自分らしさや自分の強み、弱みがわからなくなる。そのままでは、人間は大事な判断を誤る。

自己理解，自己受容，自己探究

　自己を理解するためには、現象の中から自分を発見しなければならない。そのことを自覚的に行わない人は、自己発見のチャンスを逸する。例えば、自分が書いたものには自分がたくさん現れている。真剣に書いたものであればあるほど、そこには自分の〈我の世界〉が表れている。「なぜ、自分はこういうことを書いたのか」「それは、何故なのか」「一体、いつのことを自分は意識していたのか」等を考えることである。「なぜ」「なぜ」と、自分に深く問い続けることである。

　自己理解には，自己発見が必要である。そして，自己理解は自己受容を伴う
ものでなければならない。自己受容とは，自分を丸ごと受け容れることである。
自分を丸ごと受け容れない限り，ありのままの自分にはなれない。ところが，
多くの人は都合の悪い自分を切り捨てる。格好の悪い自分を目にすることが辛
いからである。切り捨て，みないで，隠しておこうとするから，それは逆にコ
ンプレックスになり，自分の無意識世界に沈殿する。それが，自分を愛し，自
分の味方になることを妨げる。

　人生を生きる自分と最後まで一緒にいるのは，自分である。自分という存在
は，自分の人生を一番近くで観る人でもある。その自分が自分の味方であるの
か，応援団であるのかということは，自分が人生の難問に挑戦する姿を左右す
る。ずっと一緒に走り続け，自分の一生をともに生き抜くはずの自分が自分を
信じられなかったら，全力を出し切る挑戦ができるとは考えにくい。自分は，
自分の応援団にならなければならない。たとえ失敗しようとも，世間が非難し，
責めようとも，誤解を受けようとも，もう一人の自分は自分の頑張りを認め，
努力を褒め，自分を守り，応援してあげなければならない。そうでなければ，
大事な覚悟をもつことはできない。

　この点で，人は自分のコンプレックスといつかどこかで，正直に向き合うこ
とが必要である。自分の都合で切り捨ててしまった不都合で不格好な自分をそ
のままにしていては，自分の真の勇気は生まれない。

自己評価

　自己理解の難しさは，自己評価の難しさにもつながる。真面目な人は，自分
を厳しく評価しがちである。自分に厳しい評価をし過ぎて，自分で打ちのめさ
れている人もいる。評価は，自分をいじめるためのものではなく，真摯に現象
から学ぶために行うものであり，何をどう変えれば自分が成長し，前に進める
のかをみつけるために行うものである。自分をいじめる，厳しすぎる評価を行
うことは，本末転倒である。一方，自己評価の甘い人も少なくない。この人た
ちは，失敗から学べない。自分の責任から逃げたり，怠けたり，自分事を他人

事にして努力を先延ばしにしたりするからである。いわば，イソップ童話の「アリとキリギリス」の話でのキリギリスである。努力をせず，働きもせず，アリの話も生かせず，冬のことは冬になってから考えればいいと毎日陽気に歌って暮らしてきたキリギリスは，冬になってから困り果てる。ずっと働き続けてきたアリに都合良く困ったときだけ助けを求めるが，断られて飢えてしまう。

妥当な自己評価自体が，その人の自己理解を現している。自分をどれだけ妥当に，前向きに，かつ謙虚に評価できるかという問題には〈我の世界〉が現れる。

（3） 学びに求められる認識──挑戦・失敗・学び・再挑戦

自分磨きは山登り──楽をしない，近道をしない

生きるためにも，学ぶためにも，自分磨きは苦手なことに挑戦して進むものであり，楽をしない，近道をしないことが大事になる。そもそも，教職の道も人生も，数多くの難問という山を通る道によってできている。その中には，自分が苦手なことが当然含まれている。教員採用試験対策でいえば，一般教養の勉強が苦手，面接で自分を語ることが苦手，という具合である。私たちが立派な教師，立派な人間になれるかどうかは，どれだけ苦手や難問という名の山に登ったかによって決まっていく。登っている山をみているだけの人生でよいのなら，登らずにずっと麓から山を眺めていればいい。ただし，それでは一生，その山を登る力は身につかず，自分の人生を生き抜くことはできない。生きるために必要な挑戦を避ければ，生きるための力は身につかないのである。それならば逆に，人より多く山に登る方がよい，より険しい山に登る方がよい，そう考えよう。その方が，あなたの経験は豊かになり，苦労の結果，人として成長し，自らが学んだ内容は深まっていく。

自分磨きは，たとえれば山登りに似ている。山は，遠く離れて眺めていた方が綺麗にみえる。山登りのために山に近付き，山頂への道に入ると，逆に山が見えなくなる。道に入り，薮の中を歩いているときは先もみえにくくなり，一体どこを歩いているのかもわからなくなる。どれぐらい登り続ければ山頂に辿り着くのか，この先に何があるのかもわからなくなり，辿り着けるのかどうか

も見通しがもてなくなる。しかし，諦めずに歩き続けていると，突然視界が開けるところに辿り着く。眼下に広がる美しい景色に励まされ，さらにそこから登り続け，ついに山頂に到着したとき，それまではみえなかったものがみえる。あなたに自分を磨く志があるのなら，山に登ることである。教育や人生が私たちに与える難問という山に。若いときほど，若さを生かして，苦労する山に登る方がよい。そして，道に迷ったら，近道ではなく遠回りの道を選んだ方がよい。楽な道と苦しい道があれば，苦しい道を選んだ方がよい。それが，結局自分を磨く，人生の近道になる。

失敗は，成功のもと

　成長するためには，苦手なことや難問に挑戦することが肝心である。当然，上手くいかないことや失敗に直面することになる。多くの仕事をすればするほど，上手くいかないことや失敗に出会うことは避けられない。しかし，恐れる必要はない。人間である以上，失敗のない人生はない。恐れるべきは失敗ではなく，そこから逃げることである。人は，失敗や苦労のない平板な毎日を送ることに慣れると，勇気を失う。失敗を恐れ，苦労を避け，ついに挑戦することから逃げる。これこそが怖い。

　もう一つ恐れるべきことは，せっかくの失敗から学ばないことである。失敗したら，悔しかった分だけ，流した涙の分だけ，学び尽くそう。貪欲に失敗から学ぼう。失敗や苦労のない教職の道は，成長のない道である。教師としては，歩み甲斐のない道であり，得るものが少ない。自分が誇りを持って働いている手応えを感じにくい道である。そんな道を歩んではならない。「失敗は，成功のもと」という諺は真実である。退職する時に，自らが歩いた道をふり返った時に，後悔のない胸を張れる道を歩もう。

追いかけるものを間違わない

　追いかけるものを間違えてはならない。追いかけるものは，自分が全力を出し切る努力である。しかし，多くの人が結果を追いかけ，そのことで苦しんで

しまう。結果は，終わってみなければわからない未来であり，神ではない私たちにはわかるはずのないものである。わかるはずのないものを追いかけてしまうと，その人の挑戦は陰りを見せ，自分で自分を苦しめる。失敗したくない自分が生まれ，成功しなければならないと自らを追い詰め，挑戦することを避けたくなる。挑戦は自分らしい挑戦でなくなり，結果を恐れた中途半端な挑戦になってしまう。失敗したくない自分は，いっそう大きくなってしまい，失敗をしないために挑戦することをしなくなる。どうしても挑戦しなければならない場合には，失敗しても言い訳ができる解や言い訳ができる理由を選ぼうとする。誰かの解に安易に同調することは，その一つである。失敗しても，あの人と同じ意見だったと思えば孤独や不安から逃れられると思う。あの人の解のせいにもできるからである。そうして，自分の主体性を手放すようになり，誰かのせいにする人間になっていく。

　苦しいと，自分よりも権威ある人の意見や解を真似したくなる。そういう弱さは，人間ならば多くの人がもっている。しかし，自分をコントロールしないと，諺「虎の威を借る狐」の「狐」になってしまう。諺の「虎」は権力のある強い人を意味し，「狐」は権力者の力を頼みにして威張る小者を意味する。強い「虎」の威を借りた自分は，そのことで強くない「狐」になってしまうしかない。誰かの解を真似ていたのでは，いつまでたっても本当の自分はみえてこない。せっかくの挑戦も，誰かの意見や解を真似してしまうと自分の挑戦ではなくなってしまう。大切な自分が存在していないところに，自分の本当の成長は生まれない。

諦めずに立ち上がり，努力する

　今，自分の〈我の世界〉がレベル３だと主張する人がいたとしよう。その人は，一見謙虚に「自分はレベル３だから，力がないんです」と日頃はいう。ところが，本番や大事な場面では，自分にレベル10の力を発揮することを求めようとする。レベル３の自分なら，レベル10の力を出せるはずはない。にもかかわらず，こういうことを実はかなり多くの人がやっていて，そうしては自分を自分

でいじめている。多くの人間が，ただでさえ緊張する大事な場面や本番，決勝戦で，自分に成功，よい結果を求め，そのことで自分を自分で追い詰めている。

　追いかけるものを間違えてはいけない。結果は追いかけるものではない。追いかけるものは，自分の全力を出し切ること，精一杯の努力，必死の努力をすることである。それができれば満点を自分につければよい。そのことで，自分の力は伸びていく。自分の〈我の世界〉を生きる力が3だとすれば，3の力を出し切ることしか自分にできない。そのことを自覚し，全力を出すことだけに専念しなければならない。3の力を急に10にできる人は，この世には存在しない。

　3の力なのだから，10の力がないと解けない問題を前にすれば，悶絶し，敗れることになるだろう。しかし，敗れても，敗れ去らずそこで立ち上がり，そこから学ぶ。失敗や敗北は，学ぶためのチャンスなのである。諦めずに立ち上がり，失敗や敗北から学ぶことができる自分になる。諦めず立ち上がり，そして学ぶ。それが，真の強さである。

　そうして，3という自分の力を出し切り，その挑戦と学びを愚直に繰り返す。その中で，気がつけば，〈我の世界〉が4になる。全力を出し切る挑戦と，失敗や敗北から学ぶ諦めない努力をすることが自分に身に付いていけばいくほど，力は6にも，8にもなっていく。そして，自分の力が10を超えるときがやってくる。

　人間は，全力を出し切る中で成長する。挑戦と，諦めることなく失敗や敗北から学ぶことで成長する。ただし，自分の力が10になるときまで，10の難問に対しては敗れ続けることになる。プロスポーツであれば，負け続ける選手には闘う機会がどんどん与えられなくなる。しかし，人生の闘いはそうではない。諦めさえしなければ，必ず次の闘いがある。1戦，1戦，必死で闘ったとしても負け続け，99戦99敗になっても，人生は100戦目に勝てばよいのである。そのために決定的に重要なことは，諦めないことである。人生の再挑戦は，敗北したことによってなくなるのではない。諦めたことによってなくなるのである。諦めなければ，挑戦，失敗，学び，再挑戦の繰り返しは続けられる。その中で，最後に10の力が必要な難問を乗り越えられる勝利の日がやって来る。人生の難

問との闘いは，諦めないこと，逃げ出さないことが肝心なのである。

　このような苦労克服体験は，誰にとっても大変である。しかし，大変さを強く感じる人ほど，実は苦労克服体験が必要である。私たちの周りの，心の強い人，打たれ強い人は，みんな苦労をし，敗れても立ち上がってきた人たちである。だからこそ，心の強い，打たれ強い人になることができた。「これぐらい大丈夫です。まだまだ私は頑張れます」と本心で言える人は，そう思えるだけの苦労をすでにしてきている。

　諦めなければ，誰でも必ず強くなれる。苦労を重ねれば，人として磨かれる。人として，大きく成長できる。そういう見事な学び方，生き方をあなたたちもできる。大事なことは，そうしようと決意することである。それがすべてである。その決意を，あなたたちの健闘を，心から祈っている。

自分のせいにする

　失敗から学ぶためにも，苦労から学ぶためにも，上手くいかない原因を人のせいにしないことが重要である。上手くいかない原因は，自分のどこにあるのかを思考できる教師，人間になろう。それが，教師としての大成の道である。

　筆者が出会った本物の教師は，全員が上手くいかない原因を自分のせいにできる人物であった。本物の教師は，上手くいかなかった原因を自分のやり方とあり方に求める。そして，自分をよりよく変える。

　成長しない教員は，上手くいかないことを人のせいにする。都合のよいときは「学習者のために」と言いながら，都合が悪くなると学習者のせいにする。学習者のせいにした教員は，親のせいにもする。管理職のせい，教育委員会のせい，文部科学省のせいと，次々に自分以外の原因を挙げるようになる。しかし，最後まで，自分のせいだという勇気はみせられない。そういう教師が進む道は，一見すると苦労がなく，得をしているようにみえる。しかし，ツケはまとめてやってくる。苦労の山を避け，学びを真正面からとらえようとしない当人の道は，成長の手応えのなさ，教師という仕事の喜びのなさを生みやすく，最後の最後に後悔しなければならない危険な道である。上手くいかないことを

人のせいにする教師になってはいけない。

PDCA サイクルで自分を磨く

　自分をよりよく変えるためにも，「PDCA サイクル」で現実の結果を十分に生かして自分自身を磨きたい。「PDCA サイクル」とは，ある目標を立て，目標実現のための計画を立て（Plan），計画に基づいて実行（実践，指導，取組等）をし（Do），その成果や結果を評価し，そうなった分析を行い（Check），明らかになったことを生かして次の行動をする（Action）サイクルを指す。Plan，Do，Check，Action の頭文字をとって「PDCA サイクル」という。

　「PDCA サイクル」は，目指す目標に対して，結果を生かして次の自分や指導を見直そうというものである。絶対的な正解がない現実の課題や目標において，この「PDCA サイクル」は有効である。

　教育においては，設定した教育目標に対して，自分の指導がよりよい効果を生み出していなければその原因を懸命に探らなければならない。上手くいかなかった原因は，指導のやり方にあるのか，学習者理解も含めた指導する自分のあり方にあるのか，また指導の問題は質にあるのか量にあるのか，その時々の状況を反映させて必死で考える。そして，その分析，思考にしたがって，すぐに自分の指導や実践，取組に修正を入れる。こういう一連の行為を，教育評価の理論では「指導と評価の一体化」と呼ぶ。教育評価というものは，学習者のランクづけのために行うものでも，通知票を出すために行うものでもない。それは，学習者を育てるために行うもので，そのための指導改善，授業改善を行うために行うものである。テストで学習者に悪い点数を付けたのであれば，その点数になった原因を分析し，次の指導に生かしてこそ，評価をしたことになる。

参考文献

梶田叡一『自己を生きるという意識——〈我の世界〉と実存的自己意識』金子書房，2008年。

梶田叡一『教師力再興』明治図書，2010年。

梶田叡一『内面性の人間教育を』ERP，2014年。

梶田叡一『たくましい人間教育を』ERP，2014年。

梶田叡一『人間教育のために――人間としての成長・成熟（Human Growth）を目指して』金子書房，2016年。

梶田叡一責任編集『教育フォーラム』金子書房（年2回発行）。

梶田叡一・加藤明監修著『改訂　実践教育評価事典』文溪堂，2010年。

鎌田首治朗『真の読解力を育てる授業』図書文化社，2009年。

鎌田首治朗「『人間教育』と教師の仕事――教師の自己実現をめざして」『人間教育学研究』第1巻，2014年，37〜46ページ。

第2章 幼児教育
—— 保育者として

保育者になりたい，大好きな子どもに関わりたい，という初心は，職業選択として素晴らしいことである。その思いを遂げるためにもしっかりと先生としての専門性も獲得して子どもと関わることが大切である。では，今，どのような学びをとおして，そのような保育者を目指すことができるのだろうか。本書はその思いを込めて綴っている。

1 子どもの理解者としての保育者

(1) 幼稚園教諭，保育士，そして保育教諭とは

現在の「保育者」の職名は3種類あり，同じ「保育者」といっても「幼稚園教諭」であったり，「保育士」であったり，「保育教諭」であったりする。そこで，本章では，いずれにも該当する「保育者」という名称を用いる。その理由は，子どもをめぐる制度が見直され，2015（平成27）年に「子ども子育て関連3法」が制定されたことによる。それ以前にわが国における幼稚園と保育所の施設のあり方が問われ，一元化に向けての議論が始まった。幼保一元化については，以前からの北欧，ヨーロッパはもちろん，現在ではアジア・オセアニアでも中国，韓国，台湾，タイ，オーストリア，ニュージーランドなど多くの国の幼児教育の制度が変化し一元化になっている。一方，わが国では独自の制度設計になった。すなわち，幼稚園は文部科学省，保育所は厚生労働省という，これまでの管轄が維持され，新たに「認定こども園」が内閣府の管轄になり，同時に，幼稚園教諭と保育士の資格の両方を取得することで得られる「保育教諭」が新たに誕生した。これらの職名で異なるところは，対象とする子どもの

年齢である。しかし、職名は異なっても小学校に行く前の子どもに関わり保育するということでは共通しており、「保育者」としての資質、専門性の多くの部分が重複している。

保育者は多くの幼い子どもにとって、両親等以外ではじめて接する大人という立場であり、とても頼りにされる存在である。保育者としての基本は、2017（平成29）年に告示された「幼稚園教育要領」「保育所保育指針」「幼保連携型認定こども園　教育・保育要領」に明示されており、各々の内容は整合性をもって作成されている。そして、子どもたちがどこの園に行っても同じ内容の保育を受けられるように設定されている。さまざまな方法で保育が実施される場合もあるが、いずれも子どもの自然な遊びや主体的な活動を重視した内容になっており、子どもの育ちに遊びが重要であり、遊びを通して学ぶという考えは同様である。

（2）環境を通した学びとは

0〜5歳児の子どもの保育は、「子どもは自発的な遊びを通してさまざまなことを自分のものにする、つまり、学んでいる」という事実であるといえる。一般には、遊びは「学び」の反対の意味で使われる場合もあるが、幼い子どもの場合は、遊んでいるようで、その中でたくさんのことに気付き、感じ、そのことを通して多くのことを知り、学習している。つまり、小学校以上の子どもとは学び方が異なるのである。

わが国で幼児教育を発展させた倉橋惣三（1882〜1955）は、幼児期に大切なこととして、日々の生活の充実こそが子どもの自己充実になるとして、子どもの自発性を尊重して環境の中に学ぶべきことを潜ませるとして、「幼児期に大切なこと」を挙げている。つまり、子どもが何気なく面白そうだと思ったことが、実は、保育者からみて学んでほしいことと一致しているというのが理想である。これは、子どもの日々の生活環境を整えて、楽しく過ごすことができるということである。つまり、その中で多くの「学習」の機会を得ているという状態を保育者が「仕組む」ということである。子どもが好きな、面白そうな環

境を準備していればよいのではなく，そこに幼児の成長発達を育む環境を考える，ということである。

　では，このような保育環境には何が大切になってくるのだろうか。まず，その子どもが何を面白いと思っているのかという子どもの内発的な思いをとらえる力が必要である。そこで保育実習では，子どもの様子をよくみて，子どもの動き方や興味関心がどこにあるのか，観察を通して知ることが大切である。子どもが興味のあるところに近付いていくのをじっくりみていると，その子どもの興味の関心が変わっていくということにも気付くだろう。時にはとても気に入り，長時間その遊びをすることもあるが，子どもの気持ちは刻々と変化し，次の遊びを予想することが困難なことも多い。しかし，繰り返しみることによって，その子どもの遊びの世界を徐々に感じていくことができる。

　保育者の専門性としては，その個人の子ども自身の「思いをつかむ力」を付けることである。そのためには，どのようなことが必要であろうか。

　一つは，子どもを小さな大人としてとらえないことである。自分本位で観察するのではなく，その子どもが何に興味をもっているのか，自分の気持ちを「真っ白な心持ち」にして，その子どもの遊びを観察してみよう。はじめからその子どもに何を学ばせるのか，ということを考えるのではなく，「今，何をしているのかな」という気持ちで，子どもの行動に保育者の心を寄せることである。もう一つは，「こんなことをしている。面白いな」あるいは「不思議だな」と思ったら，しっかりと腰を据えてその子どもの様子をみよう。ここでは，子どもの気持ちを感じながら，しかし，少し距離を置いて，その子どものしていることを尊重してみる，ということが大切である。「へー，このようなことをしているの」「ワー，すごいね」といったことをみている側が心に抱きながらその行動を観察してみよう。そこで，保育者としてみている側の心が動くのである。

　そして，その事実を記録することである。事実と感じたことは分けて記録することである。事実を記録することで，観察の時に感動していたことが，客観的な事柄としてとらえられ，行動の意味が明確に浮かび上がってくる。記録は

25

「事例」「エピソード」「ドキュメンテーション」というように，目的によって名称が異なるが，「事例」を用いる場合は研究課題として，「ドキュメンテーション」は各記録を長期的な期間で継続して記録する場合に使用する。したがって，ここでは保育の一場面を記録するということで「エピソード」の名称を使用する。

　「エピソード」記録は，まず事実を時系列に沿って，子どもの行動や言葉を丁寧に書く。その後，一行空けて，なぜこの記録を書いたのかということ考えながら，観察者の感じたこと，子どもの気持ちの推測や内面的なこと，何を学んでいるのかという考察も記述する。これは主観的な記録ではあるが「保育をする」ことの心構えや省察につながっていく。

　このような記録を書く理由は，保育者は「人柄」そのものが問われる職業であり，高い倫理観が必要とされることによる。保育者は教科書を使って保育をするのではない。そのためにも，つねに相手が子どもであっても一人の立派な人格として尊重する気持ちを忘れてはならない。ただ，「かわいい」という気持ちだけではなく，その子どもがもっている人格にふれるためにこの遊び，行動が存在している，ということをつねに自覚していることが肝要である。つまり，子どもの内面的な自発的な何かにせかされるような行動が，遊びを生み出している。その遊びはつねに意味を持っている。遊びを観察している保育者は，子どもがまだ言葉では言い表せない，しかしその子どもの内面を表現している行動の価値をみいだすこと，これがまず，保育者の仕事である。また，その記録を通して，自分自身の保育者としてのあり方を省察する気付きにもつながっていくのである。

（3）保護者とどのように関わるのか

　保育者の仕事は子どもと関わるだけではない。保護者との関係も子どもの成長にとって大切なことである。幼い子どもが成長するためには，家庭という親密で養護的な環境を欠くことはできない。したがって，保育者は保護者と子どもを「ともに育てる」ことを自覚することである。保護者に話をする際にも，

今日あったその子どもに関する素敵なよい出来事をエピソードとして伝えることが最善である。園での子どもの様子を保護者に話すことで，保護者も今日あったことを子どもと共有することができる。子どもは親に「きょう，こんなことがあって……」と話をするが，もっとも心に残ったことを話す。子どもの話を聞いてもどのようなことを語っているのか，また，何を母親に伝えたいのか，わかりづらいことも多々ある。そのような時，今日あったことを担任の保育者から伝えてもらっていれば，そのエピソードがヒントになる。また，保育者から聞いたエピソードから「こういうことがあったの？」とわが子に話しかけることもできるだろう。保育者は保護者から「家では，こうなんですよ」という話を聞くことができる。そうすることで，その子どもの状況を多面的に知ることができ，子どもの内面理解につながっていく。

　時にはともに解決しなくてはならない課題がある。その場合は日常的な立ち話ではなく，きちんと時間をとって話をすることである。ここで重要なことは，すべて子どもの人権に関わるプライベートな事柄であるということである。たとえよかれと思っても他で起こった事柄や，ましてや他の保護者に関することは決して他言してはならないし，同僚同士でもその点は十分気を付けるようにすべきである。また，保護者からの相談や保護者との関わりの問題を一人で抱えこまないことである。自分で問題の大小を考えるのではなく，きちんと上司に相談したうえ，指示を仰ぐこと，それもできるだけ早い時期に実施する方がよい。保護者には「園長先生に相談してお返事をさせていただきます」というように明言し，対処するようにしたい。

2　素敵な保育者になるための力

（1）保育者の基本的な力とは

　ここでは，保育者としての力量について述べよう。「先生」は，一般の社会人以上に言葉の意味が重く，道徳的な行動が求められる。

まずは「言葉づかい，挨拶，礼儀，マナー」といった社会人としての常識的なことを大切にしたい。目上の人にはもちろん後輩にも子どもに対しても，人格を尊重することを前提に丁寧な言葉を使うことに配慮すべきである。挨拶も日頃の積み重ねであり，普段から挨拶を自然にできるようにし，実習先や保育現場で苦労しなくてもできるようにしたい。「おはようございます」と元気に率先して挨拶ができるようになることが保育者の第一歩でもある。また，同じ挨拶言葉であっても心をこめて挨拶をすることである。その気持ちは，必ず言葉にのって伝わるし，特に幼い子どもの心には直接届くものである。その様子をみている保護者にも同時に伝わる。このことは，保護者にとって，新しい担任の保育者を信頼するスタートにもなる。さらに，礼儀，マナーについても，わからないこと，気付かないことがあると思われるが，園長，先輩保育者の注意に素直に従い，とにかく，はじめはいわれたように実行してみることである。そのうえでさらに疑問に思ったり，うまくいかなかったりした時には，もう一度よく考えて，再度自分から質問をするようにしたい。そうすることで，周囲から理解してもらえうることにもつながるし，社会人としての成長にもつながる。

　社会人としてさらに必要なことは，生活上の自己管理である。実習中によく起こることであるが，それまでの自分中心の大学生活から実習，仕事中心の生活へ変わることで，生活のリズムをつかみ損ね，睡眠不足や栄養不足，ストレスで心身の健康を保てない場合もみられる。生活習慣によるリズムを自分自身で管理し，疲れを残さず朝を健康的に迎えたい。特に，朝食をきちんととり，三度の食事バランスを考え，睡眠時間を確保して，毎日元気に子どもと楽しく活動できることを心がけるべきである。そのことができるようになることも，保育者，教師の職務である。

（2）保育内容はどうしたらよいのか

　保育内容を実施する際には，保育のねらいを達成することのできる環境を準備し，子どもの関心を呼び起こすようにする。つまり，先述したように環境に

教育的意図を潜ませておくのだが，それは子どもに直接言葉で伝えるものでは
なくても，明確な意図をもったものでなくてはならない。このことはカリキュ
ラム・マネジメントに関わることであり，保育者の使命でもある。子どもは，
日々環境の中で成長している。そこでは，子どもとの対話を通して子ども自身
が深い学びをできるよう遊びの中での「主体的・対話的で深い学び」を目指す。
保育内容を実施することは，特に幼稚園教育から高校までの学習指導要領での
「知識及び技能」「思考力，判断力，表現力等」「学びに向かう力，人間性等」
を育むといった人格形成の基礎の部分を担っている。また，2017（平成29）年
度からの「幼児期の終わりまでに育ってほしい姿」である小学校就学時の10の
具体的な姿にも関連している。ここで，注意すべきことは，10の姿に集約させ
て子どもの行動を外面的に評価するのではなく，小学校につながる具体的な力
をとして，幼小連携において，共有する行動としてとらえることである。

　さて，保育実践における「保育の展開と指導」としての力はしっかりと大学
での授業，保育の現場の実習で身に付けてほしい。次に，保育内容・方法に関
わること，計画の立て方，評価に分かれるが，その概要を示そう。

　まず，子どもにとっての遊びの意味をよく知って，三つの要領等をよく読み
こなし，主な内容を理解することである。また，「健康」「人間関係」「環境」
「言葉」「表現」の５領域の保育内容に関する専門的知識をもって，実際の指導
に展開できるように，具体的な教材内容を解釈し，準備ができること，加えて，
子どもの様子をみてその教材に工夫ができることである。その保育方法として
は，環境を通した指導方法をしっかりと学ぶことである。さまざまな保育方法
についても知識として知ることと同時にその特徴も知っておき，保育内容に沿
った方法を選択する力がほしい。いずれもまず目の前の子どもの一人ひとりの
興味関心を見極め，同じ保育内容であっても個人の子どもにふさわしい方法を
とれるように，特に集団で実施する内容については様々な展開へつながること
が理想である。その際，言葉や行動で子どもに教示するには，どのような方法
がふさわしいのか，また，子どもの言葉を引き出して意欲を喚起させるために，
子どもの様子や発言に十分配慮するように気を付ける。

このような指導内容を計画的に実施するため，保育のねらいの達成に向けた長期的な指導計画の中で，短期的な指導計画をたてる力が必要である。そして，週案（1週間の計画），日案（1日の計画）が一貫性をもって立てられるようにする。具体的な指導案の作成については後述するが，実施後の評価も含めて保育を考えなくてはならない。評価とは，子どもが降園した後に，その日の保育を振り返り，自分自身の保育者としてのあり方を省察することである。まず，一日の保育のねらいを再確認し，そのねらいに応じた一日であったのか，子どもの遊びはどのように具体的にみることができたのか，また，その遊びはどのような意味をもっていたのか，振り返りながら記録をまとめる。この作業が，翌日の保育案に活かされていく。これは園全体で保育を振り返る際に大いに役立つものとなる。また，保育のねらいとその内容，実際の保育の状況を振り返る際には，各要領等をふまえて検討し，子どもの育ちのあり方を明確に言葉であらわすこと，そして保育内容を通した育ちを確認することが必要である。

（3）　保育の指導案の書き方とは

　実際に指導案がなくても，ある程度の環境設定で子どもは遊ぶし，時間は過ぎていく。しかし指導案がなければ，教育的なねらいも曖昧となり，積み上げもなく，「その日暮らしの保育」（倉橋，1953）になり日々同じ活動の繰り返しとなってしまう。しかし，指導案を完璧に書き上げ計画どおりに保育を進めようとすることにも問題がある。保育は，保育者の思い通りに行うものではなく，子どもとともにつくりあげる創造的な営みである。そこには，保育者の計画はあっても，子ども自身の主体性によってことが進み，自然な無理のない，流れるような生活が生み出される必要がある。そして，子どもが一日の終わりに達成感を味わうことのできる計画が理想である。

　指導案の作成は，園によって若干異なるが，「ねらい」「内容」「予想される子どもの行動」「環境構成とその変化」「教師の援助と配慮」の大きく五つの項目（枠）となっている。

　まず「ねらい」と「内容」の項目について，「ねらい」は，教師がこの保育

の時間を通して、「こうなってほしい」、あるいは「こういうことに気付いてほ
しい」ということを、具体的かつ簡潔に保育の目的を表すものである。一方、
「内容」は「ねらい」を具体的にどのような保育活動で達成させようとするの
か、保育の実際を示すものである。「内容」は、「ねらい」を受けて設定される
が、その活動が「ねらい」を達成するものであるかどうか慎重に考慮する必要
がある。同じ内容活動でも、「ねらい」が異なるとおのずとその後の環境構成、
教師の援助なども変わる。また、「ねらい」は一回で達成されるものではない
ので、日々のさまざまな活動によって試みられるものである。「内容」は、そ
の記述を読むことによってすぐにイメージが可能になるようなものであること、
十分その活動で幼児が楽しむことができるものであることが望まれる。「ねら
い」、「内容」とも要領等をよく読んで、ふさわしい子どものあり方をイメージ
して作成しなければならない。

　「予想される子どもの行動」の項目については、実際に子どもがその活動を
行う際に、どのような行動をとるのか、その時点で予想され得るものを記述す
る。教師の働きかけ、環境構成の中で、子どもがどのように動いていくのか想
像して時系列に並べて記述する。子どもの予想される活動を記述することは、
次に述べる環境構成のあり方、環境としての準備物の置き方の記述とも連動し
てくる。

　「環境構成とその変化」の項目については、子どもが環境と関わることによ
って、物の変形（そのものを叩く、切る、つぶすなど）、場所の変形（環境の修正、
空間構成、囲む、敷くなど）、出来事の変形（生活時間、行事など）が可能であるこ
とがふさわしく、それは、活動の発展としてとらえることもできる。例えば、
砂場では、砂という素材を使って、ものをつくったり、変形させたり、空間構
成をしたり、子どもが身体を動かして砂という環境に挑むことで自らが環境を
つくり出していくことができる。

　「教師の援助と配慮」の項目では、教師が特別に配慮すべきことを記述する。
保育者自身がどのような位置にいて、どのような心掛けをもってこの保育を展
開するのかという点を考慮して記述する。活動をやりたがらない子どもについ

てはどのように言葉をかけるのか，また，準備物が仲間との取り合いになった場合はどのように対処するのか，指導案作成時での気になる事柄，予想されるトラブルなどその際の教師の援助や配慮を具体的に考えておくと，咄嗟の行動も可能となる。

　さて，今まで述べた五つの項目は，日案（一日指導案）に関する事柄であるが，これだけでは初めての実習においてスムーズに，しかも子どもとともにつくり上げていく保育をすることは難しい。そこで，さらに「細案」という細かい指導案を考える。これは具体的に，朝，子どもと初めて接した瞬間から，一つひとつの教師の発言を記述し，子どもの反応を予測しながら細案を作成する。これがきちんとできていれば，保育の流れも理解でき，その中で自分がどのように動けばよいのかが徐々に明らかになってくる。もちろん，実際の子どもに出会ったら，予想通りにいかないものだが，むしろ，細案通りに進めようとするよりも，状況に応じて臨機応変に子どもの様子に変化させながら進めていくことがのぞましい。

3　より頼られる保育者になるために

（1）子どもの人権を尊重することとは

　乳幼児期の子どもの保育にとって必要なこととして，2017（平成29）年告示の「幼保連携型認定こども園教育・保育要領」第1章総則を子どもの尊重という観点から読むと，乳幼児の「安心感」「生命の保持」「安定した情緒」「主体的な活動」「心身の調和」「一人一人の特性」等という用語で示されていることがわかる。国連による子どもの権利条約では，四つの大きな権利として「生きる権利」「育つ権利」「守られる権利」「参加する権利」が挙げられている。つまり，子どもの命の保障，そして，健やかに育つ保障がなされなければならず，同時に子どもはその権利をもっているということである。それは，生まれながらにすべての子どもにある基本的な人権である。また，子どもの「最善の利益

の尊重」をすることであり，一人ひとりにとっての権利なのである。

　現代社会では，子どもにとって心地よい環境であり，居心地のよい状況であるというウェルビーイング（well-being）の状態が問われている。何が子どもにとって幸せで居心地のよいことなのか，今の状態が，子どもが参加し，自立することへつながっているのか，という観点で考えてみることである。大人が良かれと思って，あるいはしつけをきちんとして将来困らないように，という理由で大人の都合の行動を子どもに押しつけている場合もある。もっとその子どもの声を聞き，様子をみて，その子どもの快い状況を考える必要がある。保育者の役割として，一人ひとりの声なき子どもの様子をしっかりとみることで，大人からの権利剝奪を見逃さず，その子どもにとって心地よく心身の成長を促すことを第一に考えて守っていくこと，それを実行することが子どもの人権を尊重することである。

　次に子ども同士の問題で例えれば，取り合いやけんかの場合，両方の気持ちをしっかり理解し，時間をかけて両者が納得した気持ちをもっていくようにすべきなのか，具体的に考えることである。最近はけんか等の体験を通して学ぶ機会が少なくなる傾向にある。したがって，気持ちのもち方，思いの整理の仕方をきちんと伝えることは以前より重要になっている。

（2）チームで保育をすることとは

　保育者はクラスの担任を任されるため，自分一人でそのクラスを受けもつという意識が強くなる。しかし，一人の大人の目よりも複数の保育者の目で子どもを理解することで，その子の他のよさが明確になってくることがある。特に，保育が上手くいかなくて悩んでいるとき，さらに保護者との関係で上手くコミュニケーションがとれないときには，仲間や上司に相談してほしい。多くのトラブルは保育者一人で問題を抱えている際に起こる。それを共有することでその園の方針を具体的に学ぶこともできるし，保育の根幹にもふれるよい機会である。決して，問題が生じたことを保育の失敗のようにとらえて自分でなんとかしようとしたりせず，むしろ「子どもに頼られる素敵な先生」への学びの一

歩だと思って前向きに課題を出していってほしい。しかし，新人保育者がそのような気持ちをもつことができるには，職場の同僚性が良好であるという大前提がある。その職場に一保育者の課題を全体の問題としてとらえる考えが浸透しているのか，あるいは，個人の力量として処理している職場であるのか，いずれも明白に区切られるものではないが，少なくとも3年目までは，新人の成長は職場の責任でもあり，管理職の姿勢に関連しているものであるといえよう。チームで事例を通して学び合う職場は，みんなで子どもの成長を喜び，保育全体も楽しく活気のあるものになる。

　まず，「はじめての」保育者であることを自分にいい聞かせ，できなくて，うまくいかなくて当たり前，そこで先輩の保育をしっかり見て学ぶ，わからないことは積極的に質問し，返答を素直に受け取る，ということに尽きるのではないか。もし，質問ばかりで敬遠されても，それはその職場の雰囲気をあらわす一つの指標であり，職場を選択する際に貴重な経験となる。また，質問の答えがその時には納得いかなかったり，直接的に教えてくれなかったりしても，後日必ずその意味がわかる時がくるものである。もちろん理不尽な返答もあるかもしれないが，その判断も後日正確にできる日がきっとやってくる。

　保育の場は我々大人をはるかにしのぐ子どもたちの素直さが満ちている素晴らしいところである。子どもは，自分の評価や大人の顔色に左右されることなく，自分というものをしっかりと表現してくれる。中には，十分にそうできない子どももいるかもしれないが，保育者が自分の頼りになると思ったら，必ず本心を出して，その子どもらしさで対応してくれる。素直な気持ちを保育者がもつことで，子どもも明るい雰囲気になってくるのである。ありのままの子どもの様子を「認める」ことのできる保育者たちの集団は，子どもが育つ場所となっていく。したがって，まず，初めての職場に行ったら，子どもに対するのと同じように「真っ白な気持ち」で先輩の保育者の方々，職場の方々と関わっていくという心構えをもってほしい。

（3）学び続ける保育者とは──地域における保育者としても

　保育者は，つねに保育をめぐる世の中の情勢を気にかけながら，これからの子どもを育むことである。したがって，今の子どもの姿を守りながらもこれからの世の中で巣立って行く子どものためにも，現代の社会をしっかりと見据えていく姿勢をもっていなくてはならない。どの職業についても同様のことであるが，社会という大きな枠の中で人として生きていくためには，何が必要なことか，しっかりと考えをもって進むということ，つまり，自分なりの価値観をもち，そのことを言葉にして表現できることが大切である。もちろん，自分の思いや考えが通らないこともあるし，また多くの挫折にあって進みにくいこともあるだろう。それは，人として自分自身が成長するために生じることでもあるが，つねに前向きに自分自身の学びの時と考えて興味関心のあることを日々探求していくことは，目の前にいる子どもに学ぶことでもある。子どもの学びは，まず，何かに気付き興味をもち，次に「試してみよう」という試行錯誤があり，そして，新たに発見，さらなる気付きがあり，そこで創意工夫することで，「もっとこうしてみよう，次にこれを試してみよう」という意欲による広がり・深まりがもたらされていく（図2-1）。

　また，その園がおかれている地域の特徴を知ることである。どのような自然環境のもとにあるのか，近くの商店街を気にして，その地域でのお祭りや出来事に参加するような姿勢は，日々の保育の大きな助けとなる。子どもたちは，意識はしていなくてもそのような環境の中で暮らしながら育っている。車での送迎が中心の保育園であれば，園内で多く時間を散歩に費やしているかもしれない。自然環境は子どもを大きく育ててくれている。

　園内の自然環境も重要である。狭い園庭でも手入れの行き届いた花壇があるだけで，ホッとさせてくれる。その環境は，人間は生き物であり，自然の中でこそ生きていけるのだという気持ちを教えてくれる。室内にも今日みつけた一輪の花があれば，やわらかい雰囲気で包まれる。実は，そのような感性が保育者に求められている。ぜひ，実際に自然を体験することに関心をもち，地域の

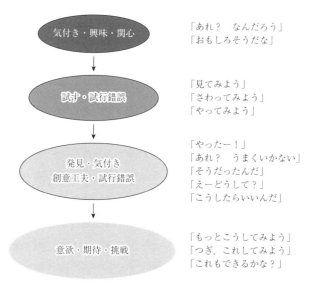

気付き・興味・関心　　「あれ？　なんだろう」
　　　　　　　　　　　　「おもしろそうだな」

試す・試行錯誤　　　　「見てみよう」
　　　　　　　　　　　　「さわってみよう」
　　　　　　　　　　　　「やってみよう」

発見・気付き
創意工夫・試行錯誤　　「やったー！」
　　　　　　　　　　　　「あれ？　うまくいかない」
　　　　　　　　　　　　「そうだったんだ」
　　　　　　　　　　　　「えーどうして？」
　　　　　　　　　　　　「こうしたらいいんだ」

意欲・期待・挑戦　　　「もっとこうしてみよう」
　　　　　　　　　　　　「つぎ，これしてみよう」
　　　　　　　　　　　　「これもできるかな？」

図 2-1　遊び＝学びのプロセス
出所：筆者作成。

散策に出かけていってほしい。思わぬところに自然を発見することだろう。も
し，なにもみつからないと思っても，ふと目を上げれば，今日の天気，青空，
空の雲の動き，何でも自然環境である。神様が与えて下さった自然として，そ
の恵みを大いに感じてほしいと思う。

4　これからの保育者を目指して

（1）保育は探求・創造するもの

　保育は目の前の子どもの様子をみて，日々の保育のねらいにふさわしい具体
的な事柄を示すものである。その教材や内容は，大学で学ぶ保育内容である程
度ヒントは与えられても，それをどのように展開して発展させていくのか，と
いうことは現場の保育者に任されている。
　何をしたらいいのかわからないという実習生もいるが，まず，その内容は

日々の子どもの生活の中でみつけていくことができる。また各園では，季節に
応じて行事が組まれ，さまざまな内容，指針がすでにある。各園の保育カリキ
ュラムにそって，子どもに今経験してもらいたい保育内容はある程度決まって
くる。その事柄に子どもたちがどのように向かっているのか，まずは子どもの
興味関心の状況をしっかりと把握することであろう。そして，保育者の準備し
たことと，それに呼応する子どもたちの反応，様子をしっかりと観察し，その
時期の保育のねらいを達成しているのか，ということを振り返ることである。
また，3歳以上になれば，子どもと一緒に話し合いをもつこともできるように
なり，子どもたちと保育の内容を創りあげていくこともできる。今日の遊びか
らどのような発展が考えられるのか，子どもも保育に参画する者として，より
楽しい具体的な内容へと進めていくのである。前述したように，その子どもに
とって何を今，探求しようとしていることなのかをしっかりとみること，そし
てそのことを面白いと思って記録することである。記録をすることで曖昧だっ
た子どもの行動の意味も明確になり，他の保育者との保育のやりとりも意義深
いものになるだろう。何よりも保育という営みをとおして，自分が子どもの何
をみて，どのように保育を考えようとしているのか，という自分自身の振り返
り，省察をすることで確実に成長につながっていくのである。

（2）保育の見直しをどのようにするのか

保育の実践は，保育計画（Plan）→ 保育実施（Do）→ 保育評価（Check）→
保育改善（Action）という PDCA サイクルにしたがって評価をすることで，次
のよりよい保育へとつながる。これは，担当するクラス全体にも，子ども個人
にも当てはまることであり，その子どもが何をどのようにして探求する遊びを
しているのか，しっかりみて（Do），考えて（Check），次の手立ての保育内容
を検討することにつながっていくのである。

また，一日の保育を見直す際には，その日の保育指導案の「ねらい」に記載
されていることから，本日の保育でそのねらいが達成されていたのか，という
観点で保育の点検を実施することである。保育は総合的なものであるが，ねら

いに応じてその評価を明確にすることで，保育者としての力量も確実についてくる。

また，参考として，ニュージーランドにおけるテファリキ（乳幼児教育要領）のラーニングストーリーを使ったものがある。それは，notice（気付き）→ recognize（考察）→ responding（反応）という流れで，まず，子どもの行動からその子どもの興味・関心に気付き，そのことがどのような意味をもっているのか，主にテファリキをみて考察し，その結果，どのようなことで翌日の保育の展開を促す内容，環境を整えていくのか反応する，というプロセスである。このことを通して，その子どもの遊びを通した学びを明確にしていくと同時にその行動を意味付けていくができる。この方法論は，あらゆる保育に求められるものであり，保育の質の保障に寄与するものである。

（3）保育における持続可能性とは

ESD とは，「持続可能で発展できる社会を構築するための教育」という意味で，Education for Sustainable Development の頭文字をとった名称である。さらに，2030年までのゴールとして，SDGs（Sustainable Development Goals）が設定されている。その内訳は，(1)貧困をなくそう，(2)飢餓をゼロに，(3)すべての人に健康と福祉を，(4)質の高い教育をみんなに，(5)ジェンダー平等を実現しよう，(6)安全な水とトイレを世界中に，(7)エネルギーをみんなにそしてクリーンに，(8)働きがいも経済成長も，(9)産業と技能革新の基盤をつくろう，(10)人や国の不平等をなくそう，(11)快適な住み続けられるまちづくりを，(12)つくる責任つかう責任，(13)気候変動に具体的な対策を，(14)海の豊かさを守ろう，(15)陸の豊かさも守ろう，(16)平和と公正をすべての人に，(17)パートナーシップで目標を達成しよう，という内容である。保育に関わるところは，(4)質の高い教育をみんなに，という目標である。そのためにも保育者として研鑽することが質の高い教育・保育を提示することになる。

ESD 全体は，自然環境の他，文化的内容，経済的な発展も含めて学ぶ内容構成である。その中で保育における自然環境との関わりは大きい。つまり，保

育活動の中で自然が多くの子どもの好奇心をかき立て，子どもの活動にもよい影響を与えている。「森の幼稚園」といわれる園が存在するように，自然環境が子どもを育ててくれているのである。

　大正期から開始された保育要領にみられるように倉橋惣三の提案である「散歩」保育は現在まで引き継がれており，自然を重視する保育は，ESD とあえていわないまでも継続してわが国の保育に根付いている。一方で，持続可能ということから考えれば，自然物やモノを大切にするエコ教育だけではなく，自然のもつ脅威についても考慮しなくてはならない。SDGs の目標(13)にもあるように，気候変動が多く起こる現在であるが，その被害を甚大にしているのは，自然の乱開発によるところも大きい。自然と共存するのであれば，自然のもつ恩恵と同時に脅威をも知ることで，持続可能な地球を考えていくことにつながっていくのではないだろうか。

　では，乳幼児期にはどのようにそのことを伝えていったらよいのだろうか。第一に自然の恩恵を多く体験することである。いい換えれば自然環境に対しての感性を豊かにするような保育を志すことである。日々の生活の中で自然の恵みを経験する機会をつくり，子どもがそのことに気付くような保育者の言葉かけ，保育者の感性が問われている。第二に防災への備えである。これは，子どもだけではなく保護者の協力を得て，自然の脅威をただ怖がるのではなく，正しく認識して自然とつきあう方法を模索することである。保育中の災害発生時には保育者が子ども全員のいのちを守る使命を担っている。安易な推測や，自己判断に頼ることなく，万が一のことを考えて，常に緊張感をもって災害時の緊急対応をとれるような訓練をしておくことである。各園では災害マニュアルの整備と訓練実施が行われているが，いざという時には，即座の対応が求められることを意識して保育者としての行動を身に付けたい。

　以上，これまでの保育者のあり方を身に付けると同時に，これからの新たな保育者としての資質も意識して自己研鑽することを期待している。

引用・参考文献

入江礼子・小原敏郎編著『子どもの理解と援助　子ども理解の理論及び方法──ドキュメンテーション（記録）を活用した保育』萌文書林，2019年。

倉橋惣三『幼稚園真諦』倉橋惣三選集第1巻，フレーベル館，1993年（1965年初版）。

田中亨胤・名須川知子編著『保育内容総論』MINERVA保育実践講座4，ミネルヴァ書房，2006年。

冨田久枝・上垣内伸子・田爪宏二・吉川はる奈・片山知子・西脇二葉・名須川知子『持続可能な社会をつくる日本の保育──乳幼児期におけるESD』かもがわ出版，2018年。

名須川知子・青井倫子編著『幼稚園教育実習の展開』MINERVA保育実践学講座12，ミネルヴァ書房，2010年。

名須川知子・大方美香監修／鈴木裕子編著『保育内容総論』MINERVAはじめて学ぶ保育5，ミネルヴァ書房，2018年。

名須川知子・大方美香監修／谷村宏子編著『保育内容の指導法』MINERVAはじめて学ぶ保育6，ミネルヴァ書房，2018年。

名須川知子・大方美香監修／山下文一編著『保育者論』MINERVAはじめて学ぶ保育3，ミネルヴァ書房，2019年。

名須川知子・渡邊隆信編／兵庫教育大学教員養成カリキュラム改革委員会『教員養成と研修の高度化──教師教育モデルカリキュラムの開発にむけて』国立大学法人兵庫教育大学教育実践学叢書2，ジアース教育新社，2014年。

日本保育学会編『保育者を生きる──専門性と養成』保育学講座第4巻，東京大学出版会，2016年。

コラム1
部活動を真剣に取り組んでいるあなたへ

　もし，大学時代に，それまで続けてきたスポーツや武道を懸命に取り組み，仲間とともに規律を持って真摯に汗を流している人がいれば，それは今の時代に得難い体験，経験をしていることになる。懸命に，真面目に部活動をしている人は，競技と部の規律，団結をつくるため，必死の努力をしているはずである。その学修者は，取り組んでいるスポーツや武道を通して，苦労体験，失敗体験，追い込まれ体験に直面し，そこから「打たれ強さ」など多くの価値を学んでいるはずである。

　もちろん，部活動に取り組んでいれば自動的に人間的成長が実現するものではない。オリンピックのメダリストが罪を犯す時代でもある。あくまでも懸命に自分を見つめ，真摯に努力してきたものだけが，自分を磨くことができる。自分の才能に胡座をかいたり，上手に手を抜いたり，仲間との協力，団結，規律に無関心でいたりしていると，逆に部活動によって狭い視野や安易な考えを身につけてしまう危険性もある。教師を志すのであれば，あるいは，一人前の人間になろうと思うのであれば，部活動の練習を口実に大学の授業を休んだりしてはならない。練習の疲れに負けて授業中に居眠りをし，何の手も打っていないようなことではいけない。それでは，教職の道を前には進めない。

第3章　小学校教員の仕事

「小学校6年生の時の先生に憧れて，小学校教師になろうと思いました」というように，憧れの教師の影響で小学校教員を目指す人は多い。その素敵な出会いが小学校教員への道を進むきっかけとなることは今の小学校教員にとっても喜ばしいことである。しかし，子どもの頃に感じた小学校教員の仕事は，子どもの視点でとらえた限定的なものである。そこで，本章では教職の特徴をふまえながら，小学校教員の仕事について紹介する。

1　教職の特徴

（1）教員の仕事と教職の特徴の関係

「小学校教員の仕事内容に何がありますか？」

「弁護士の仕事内容に何がありますか？」

　皆さんが，この二つの質問をされたときに回答しやすいのは，どちらの質問だろうか。おそらく多くの人は前者の質問の方が答えやすいだろう。なぜなら，裁判に関することより小学校に関することの方をより多く経験しているからである。教職の特徴として，教員になるまでの学校経験が豊富であるため，教員の仕事についてわかったつもりになっていることが挙げられる。これは「観察による徒弟性」と呼ばれ，自分自身が教員になる前に数多くの教員をみていることから生じる。そのため，教職は「easy work（誰にでもつとまる易しい仕事）」ととらえられることも多い（佐藤，2015）。

　しかし，本当に「easy work」なのだろうか。教員の勤務時間が問題視され，報道されることによって安易な仕事と思われる風潮はなくなっているように感

じる。では，どのような仕事なのか。どんな仕事であってもやりがいがあれば大変なこともある。そこで，本章では教職の特徴について述べる。

　教職の特徴といってもさまざまあるが，佐藤（1997）は「不確実性」「無境界性」「再帰性」の三つで特徴付けている。筆者は小学校教員を16年間経験した後，大学の教員として教職に関わっている。断言できることは，この三つの特徴から教員は逃れられないということである。初等教育に関わる小学校教員は特にこの三つの特徴を意識せざるを得ない。そこで，小学校教員の仕事について述べる前に，この三つの特徴について概略を説明する。

（2）不確実性について

　一つめの特徴は「不確実性」である。つまり，教育において「絶対的に確実なことはない」という特徴である。ある教室でうまくいった授業が，他の教室でうまくいくとは限らない。ある子どもに効果的だった指導が，他の子どもにも有効とは限らない。同じ授業を複数で観察した場合，評価が一致することはない。このような例の枚挙にいとまがないほど，教職は「不確実性」に支配されている。

　そして，この「不確実性」の特徴が，教員の仕事を難しくする。例えば，大学で効果的な指導法を学び，模擬授業をして実践的な指導力を身に付けたと思っても，実際に子どもたちに授業した際に上手くいくとは限らない。自分が正しいと思った指導が，必ずしも子どもの心に届くとは限らない。教員である限り何をするにも，常にこの「不確実性」にさらされるのである。「不確実性」の特徴だけでも，教員の仕事が安易なものでないことは明らかであろう。

　だからこそ，教員はよりよい教育を求めて学び続ける。これからの教員像として「学び続ける教員」が求められるが，ある意味これは当然のことである。

　教育が不確実だからこそ探究し続けるのである。そして，よりよい教育を目指して創造し続けるのである。特に小学校には，授業研究や自主的な研究会など教員同士で学ぶ文化がある。日本の授業研究は，世界中の国々が「Lesson Study（レッスン・スタディ）」と称して取り入れているほど国際的に高い評価を

得ている。「不確実性」の特徴があるがゆえに，小学校教員とは「教える人」であり「学ぶ人」でもあるといえる。

（3）無境界性について

　二つめの特徴は「無境界性」である。つまり，教員の仕事における責任領域に明確な境界線がないという特徴である。この特徴について世間的にも認知されているのが，教員の長時間勤務である。

　例えば，授業一つをとっても，授業終了のチャイムがその授業の終わりを告げるわけではない。授業の理解度を確認するためにノート提出をさせていた場合，そのノートをチェックしなければならない。そのチェックの方法についても，確認したことを示す印で終わらせることもできれば，「A，B，C」のような評定をすることもできる。さらに，一人ひとりにコメントを書くこともできる。そして，このチェックから得た情報をもとに，次の指導を考えることもできる。このように，やろうと思えば，次から次へとやるべきことが増え，当然ながら勤務時間も増える。

　「もっと効率的に仕事をすれば……」という声も聞こえそうだが，どの方法がよいのかは先に述べた「不確実性」の通り決まっておらず，教員の意図次第でさまざまなことをすることができる。授業一つでもこの状況である。よって教員の仕事とは，やろうと思えばエンドレスであり，この特徴が「無境界性」と呼ばれる。

（4）再帰性について

　3つ目の特徴は「再帰性」である。再帰性のことを説明するには，佐藤（1997）の「ブーメラン」の比喩がイメージしやすいだろう。言葉遣いの丁寧な教員の学級は，子どもたちの言葉遣いも丁寧ということはよくある。いつも率先して挨拶する教員には，おのずと子どもたちも挨拶をする。反対に，否定的な発言の多い教員の学級では，子どもたちの否定的な発言が多い。このように教員の実践や行為はすべて，ブーメランのように自らに戻ってくる特徴が

「再帰性」である。

　この特徴があるがゆえに，教職における責任の問題は難しいものとなる。実践が上手くいかなかったとき，それを「子どもが悪い」「学校の組織が悪い」「社会の情勢が悪い」等，いくらでも自分の外に責任を求めることはできる。しかし，結局はブーメランのようにそれらの批判は自分のところに戻ってくるのである。このことから，教員とは「自分がどうあるべきか」ということをつねに問われる職業であることがわかる。

　先に述べた「学び続ける教員」像も，「再帰性」の特徴があるからこそ意味をもつ。つまり，子どもたちに学びについて教えようとするならば，まず教員自身が学ばなければならない。その姿があるからこそ，子どもの学ぶ姿で舞い戻ってくることはいうまでもない。

　この三つの特徴を観点に，小学校教員の仕事について具体的に叙述する。

2　小学校教員の仕事における不確実性

（1）授業場面の不確実性

　授業には必ず目標があり，その目標達成のために授業を計画し，それを実行に移す。授業をした者なら誰もが感じるように，計画通りにいくことはまずない。「授業は生き物である」といわれる所以であるが，計画通りにいかず目標達成のために苦労することを多くの授業者は経験している。しかし，計画通りにいかなくても目標を達成している授業もある。授業も不確実性から逃れられないため，いつでもどこでも同じような授業はできないが，不確実性の特徴のために目標を達成できないとは限らない。そこに授業をすることの魅力がある。

　教員：「この場面で兵十が最初にみたものは何ですか？」
　子ども：「先生，今日給食当番は代わりますか？」

上記は，小学校 4 年生の国語の授業の一場面である。教員は，登場人物の視点を手掛かりに読みを深めようと発問した。しかし，それに対するある子どもの発言は全く教師の意図したものではない。この場面を一般的に解釈すれば，教師の問いに対して子どもも問いで返しており，問われた内容と全く違う内容のことを話している。そのため，この子どもの発言は全く的外れのものと解釈できる。

　しかし，この発言を学級の文脈（context）で解釈すると違ったものとなる。学級の文脈とは，「いま，ここ」にいる教員や子どもたちがつくり出す学級の流れである。「context」を英和辞典で調べると「前後関係」とあるように，学級で起きたすべてのことが授業に影響を与える。例えば，この学級では毎週月曜日に給食当番を交代しており，たまたま黒板の「月曜日」の文字がみえたために「給食当番」のことが頭に浮かんだのかもしれない。または，授業の始まりの際に教員が「今日から掃除場所が変わります」といった連絡をしており，「当番活動が代わる」ということが意識に残っていたのかもしれない。もしくは，授業内容に退屈しており，「先生，この状況をどうにかしてください」のサインなのかもしれない。このように，子どもの発した言葉を点でとらえると授業の流れから外れたもののように感じるが，学級の文脈として線でとらえると子どもの発言はすべてつながってくる。

　つまり，不確実な授業において目標達成をするためには子ども理解が欠かせないのである。目にみえる現象の裏側にある子どもの行為の意図や想いまで理解できなければ，不確実で計画通りにいかない授業において目標達成をさせることはできない。そのため，小学校では学級担任制であることが多い。このことは学校生活全体を通して子どものことを観察し，関わる中で子どものことを理解することの大切さを表している。

　よって，授業をするにあたって教材研究のような準備は不可欠であるが，同時に子どものことを普段から理解しておくことも同様に不可欠である。児童を理解して授業をつくっていくことは何も新しいことではなく，指導案を書く際に必ず書かなければならないことである。教材研究によって明らかになったこ

とを自分の言葉で整理した教材観。その学習における子どもの実態を整理した児童観。そしてその両方を受けてどのような指導を具体的に行うかを記述した指導観。これらは，まさに「教材研究」と「子ども理解」をふまえた指導の大切さを意味している。

　教員に必要な知識として「PCK（Pedagogical Contents Knowledge）[*1]」という考え方がある。文字でみるととても難解な知識に思える。しかし，意味することは，授業をするうえで「教材に関する知識」「子どもに関する知識」「指導方法の知識」のようにそれぞれが独立した知識ではなく，それらが重なり合った知識（複合的な知識）が重要ということである。つまり，不確実性の特徴がゆえに教員は多面的に授業をとらえる必要がある。そして，言語ですべてを十分に表現できない小学生に教えるためには，他校種以上に子どもの理解をふまえた授業をする必要がある。

（2）生活指導場面の不確実性

　学校生活の指導場面でも授業時と同様に不確実性から逃れられない。学校にはさまざまなきまりやルールがあり，それを子どもたちが守ることで集団としての学校生活が成り立つ。また，そのような経験を子どもたちにさせることで社会性について学ばせていく。しかし，子どもがゆえにきまりやルールを守らない時があるのだが，その指導においても不確実性に支配される。

　このように書くと，ルールを守っていないのだから，ルールの大切さやルールを守ることを指導すればいいのではと思うかもしれない。その通りで，そのような内容を子どもにいうことはできる。ただし，実際に子どもがルールを守るようになるまで，すなわち行動が変わるまでを指導ととらえるとどうであろうか。実際のところ先述のようなことをいうことはできても，指導したと断言することは難しい。

　例えば，ある子どもが学校にもってきてはいけないものをもってきた場面。

＊1　「教育実践知」など訳され方は多様である（武田，2019）。

当然，周りの子どもはその子がルールを守っていないことを指摘し，教員がどのような対応をするのかをみている。それを黙認するなら，教員が認めたことになり，学級のルールとして学校に関係ないものをもってきてもよいというルールができることになる。

「学校に関係ないものを持ってきているので没収します」

　といった指導もできるだろう。しかし，もってきたものは初めて保護者に買ってもらったものであり，それが心の底からうれしくて誰かにみせたいものであったらどうであろう。没収した瞬間に「返せ！」という反抗的な態度になるかもしれない。または，その場で大泣きするかもしれない。これは，ルールを守っていないのだから自業自得ということになるのだろうか。

「おうちの人に買ってもらったの，よかったね。でも，そんな大切なものを学校にもってきて，もしも壊れたり，なくなったりしたらどうするの。〇〇さんもショックだろうし，おうちの人もショックでしょう。そうならないように先生が帰るまで預かっておくから，明日から学校にもってきてはダメですよ。大事なものだから，おうちで大切に使わないと」

　といった指導であったら別の展開になったかもしれない。しかし，この指導も初めて保護者に買ってもらったという背景があるからこそ成り立つ指導である。

　このように生活指導場面でも授業時のように子ども理解が不可決であり，唯一無二の指導は存在しない。

（3）教師の反省的成長

　このように不確実性から逃れられない学校教育において，子どもたちを育むために日々指導していくのが小学校教員の仕事である。正しいと信じて指導したことが上手く伝わらなかったり，反抗されたりすることは日常的に起こりうることである。このように，学校教育では指導すべきことがあるものの，それを伝達すれば指導が成立するような簡単なものではないことがわかる。

　佐藤（2016）が世界各国の教師教育改革と教師教育の文書から「反省的教師

（reflective teacher）」という概念が新たな専門家像として提示されていることを報告しているように，教師は「反省的実践家」としての専門家であるといわれている。「反省的実践家」とは，ショーン（Donald A. Schön：1930-1997）が提起した専門家像である。ショーンは専門家を「技術的熟達者」と「反省的実践家」の二つの専門家像で説明した（Schön, 1983）。この専門家像を教師に当てはめると次のようになる。教師が「技術的熟達者」なら，学問や科学で明らかにされた原理や技術を授業や指導に適用する専門家である。そして，「反省的実践家」なら，授業や生活指導という複雑な状況に身を置き，経験から形成した知識を用いて実践や指導を省察し，授業や指導法を創り出していく専門家である。一般的な認識では，教員の仕事は「技術的熟達者」のように思われがちである。しかし，不確実性についての事例でわかるように，原理や技術をそのまま適用させることはほぼ不可能である。そのため，教員は，授業や指導という経験を通して，その経験を省察し，目の前にいる子どもに合った授業や指導法を創り出していくのである。

　このように教員は反省的成長をするのだが，そのために重要となるのが「省察（リフレクション）」である。省察の方法にはさまざまあるが，教師の反省的成長を促す点では一致している。また，省察を「実践の対象化」「実践の批判的検討」「新たな実践への兆し」の三つの要素で捉えることができる（柞井, 2017）。

　大学においてインターンシップや教育実習などの実習経験の機会が増えてきているが，単に教育現場の体験をすることが目的ではない。不確実性から逃れられない実際の学校現場で経験したことを，日誌等によって対象化し，目の前で起こったことを批判的検討し，自分の言葉で実践的な知識に置き換えるのである。つまり実習は，省察を含めた経験を通して，反省的実践家としての教師に近付くことを目指している。

　このように，不確実性の特徴がゆえに教員は反省的実践家でなければならない。そして，反省的成長をするためには省察が重要となる。

3　小学校教員の仕事における無境界性

（1）時間の無境界性

　教員の長時間勤務が問題として取り上げられたり，他国の教師と比べても明らかに多いことが報告されたりしているため，教員の多忙さを聞いて改めて驚くことはないだろう。では，教員の勤務時間をしっかりと決めれば問題は解決するのだろうか。例えば退勤の時刻が17時に決まったとする。16時58分に保護者から次のような電話がかかってきた。

　保護者：「先生，うちの子どもがまだ家に帰って来ていないんですけど」

　電話で対応しているうちに17時になった。あなたならどのような対応するだろうか。「誠に申し訳ないのですが，勤務終了の17時になりましたから，私はここで失礼します」というわけにはいかないだろう。学校のどこかにいないかを探し，校区のどこかで遊んでいないかを探し，状況によっては家庭訪問をすることもあるだろう。つまり，子どもや保護者が困っているならば，仕事を時間では区切れないのである。
　このことは，緊急事態に限ったことではない。17時に勤務が終わり帰宅したとしても授業の準備（教材研究や教具の準備）がある。この準備は「ここまでやったら終わり」というようなゴールはない。自分で納得したところがゴールとなるので，早く終わることもあれば深夜遅くになることもある。
　学校生活においても，子どもたちはチャイムの合図とともに活動を切り替えて生活しているが，教員は必ずしもそうではない。休み時間に子どもたちと遊びながら人間関係を把握したり，給食の時間に給食指導をしながらも採点などの各教科の仕事をしたりしている。子どもが帰った後の放課後も，校務分掌の仕事や学年・学級の仕事を行いつつ，突然の保護者からの電話にも対応しなけ

ればならない。このように，小学校教員の仕事は無境界性の特徴のために明確な時間の境界線がない。教員がやろうと思えばいつまでもできる「終わりのない仕事」ともいえる。

（2）役割の無境界性

　無境界性の特徴は，時間だけでなく役割においても生じる。例えば，明日から修学旅行である６年生の担任になったとしよう。Ａ君は日ごろから忘れ物が多く，遠足などの行事でもお弁当を持ってこなかったり，服装を間違えたりと心配な子どもである。保護者も夜遅くまで働いており，電話で連絡することも難しい状態にある。担任としては，６年生の思い出の一つになる修学旅行でＡ君につらい思いはさせたくない。しかし，これまでの経験から考えると，修学旅行の準備ができていないことが考えられる。

　あなたが担任なら，Ａ君が準備をできているかの確認のために家庭訪問をするだろうか。「修学旅行の準備は家庭の役割であり，教員の役割ではない」と考え，行かないことも一つの考え方である。「きっと忘れるに違いないから，帰宅する時に寄ってみよう」と家庭訪問することも一つの考え方である。これこそ不確実性であり，どちらが正しいということはない。環境や状況はさまざまであり，唯一の答えはない。ただし，このように家庭の役割のように思われることでも，教員としてどこまで関わるのか明確な線引きがされていないことは確実である。

「準備は終わっています。あとはお小遣いだけもらえば終了です」

　家庭訪問するとＡ君から上記のような言葉が返ってきた。家庭訪問に反対だった人は「子どもを信じて行かなくてもよかったのでは？」と思うかもしれない。これに対して，家庭訪問に賛成だった人は「成長を感じることができてよかった」と思いながら，明日の修学旅行を迎えるかもしれない。このように，どちらが正しいということはないが，教員は子どものことを常に思っている点で一致している。

　しかしＡ君の言葉を思い出してほしい。気になる点はないだろうか。「あと

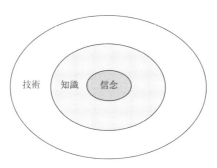

図3-1　授業力量の3層モデル

出所：木原（2004）。

はお小遣いだけもらえば終了です」は，つまり，まだお小遣いの準備はできていないのである。忘れたときのために担任が準備をしたほうがよいのか。「それは保護者の役割だから……」「修学旅行で嫌な思いをしないために……」と先と同じような展開になることがわかる。このように，保護者の次に身近な大人として子どもたちの前に立つ教員は，子どものことを思えば思うほど役割においても無境界性から逃れられなくなる。

（3）信念の大切さ

　このように小学校の教員の仕事とは無境界性の特徴がゆえにエンドレスなものである。子どもや保護者との関係や学級経営が上手くいっているときはよいが，それが上手くいかなくなると先のみえない底なし沼のような職業となる。このことは，精神疾患による休職率が年々増加していることからも推察できよう。

　よって，どこかで境界線を引く必要が出てくる。図3-1は，教師の授業力量を3層構造で説明したものである。他者からは直接目にみえない「信念」を中核とし，行為として他者から確認される「技術」を表層に位置付け，その両者を「知識」が仲介するという構造で授業力量をモデル化している。この3つの要素のうち，「信念」が無境界線に支配されている教員の仕事に境界線を引く際に重要となる。なぜなら，教室での行動の選択を根底で規定しているもの

は信念であり，信念が教えるという行動のあり方を規定しているからである
（秋田，1995）。秋田は教える場面での信念について述べているが，これは授業
場面に限ったことではなく，教員の仕事全般に当てはまることである。「教師
がどのような授業をしたいのか（授業観）」「子どもをどのように理解するのか
（児童観）」「どのような教師になることを目指しているのか（教師観）」といっ
た「○○観」こそ「信念」のことであり，教師の仕事を遂行するうえでの羅針
盤となる。よって，無境界性から逃れられない状況になった際には，原点に戻
るつもりで自分の信念について考えることが有効である。その信念に従うこと
で，自分の目指すところ，自分のできることが明らかになり，すなわち自分に
できる範囲の境界線が引ける。

　また，信念は不変的なものでなく，経験や先に述べた省察によって変容する。
さらに，個別の信念が，より大きな信念体系とゆるやかに結びつく形で教師の
教育観の信念体系を形成する特徴を持つ（秋田，2000）。一方で，自分の信念に
固執しすぎると「イラショナル・ビリーフ」と呼ばれる「〜ねばならない」の
ような「強迫的な信念」となる。この信念は子どもたちに悪い影響を与えるこ
とが明らかになっている（河村・国分，1997）。そのため，勤務校内外の教員や
魅力ある人びとの信念にふれたり，学校現場で経験したことを同僚とともに省
察しながら次の指導につなげていったりすることが，教師としての柔軟な信念
を育んでいくことにつながる。

4　小学校教員の仕事における再帰性

（1）小学校教員のやりがい

　ここまで「不確実性」「無境界性」の特徴から逃れられない小学校の教員の
仕事について述べてきた。この特徴のみで小学校教員の仕事を語ると，子ども
の教育に携わる魅力があるといえども，大変さや苦労しか感じられないかもし
れない。しかし，小学校教員という職業に魅力を感じ，学び続けている教員は

図3-2　実物大「奈良の大仏」図
出所：筆者撮影。

多い。彼らが小学校教員という職業に魅力を感じる要因が「再帰性」の特徴である。

　「再帰性」とは，教員の実践や行為のすべてがブーメランのように自らに戻ってくる特徴であった。幼いころは「やればできる」の言葉通り，何かを頑張ったり努力したりすることで手ごたえを感じる経験がたくさんある。しかし，成長とともに「結果が出ない」こと以上に「反応がない」ということが増えるのではないだろうか。「再帰性」はこの無反応という状況がなくなることを意味する。教員としての自分の行為は，必ず何らかの形で子どもの姿で戻ってくる。知的好奇心に溢れた表情，体操服を汗で濡らしながら最後までやり遂げる姿，できた喜びを全身で表す姿など，みせる姿は状況によって異なれども必ず戻ってくるのである。そして，その姿に小学校教員は仕事のやりがいを感じる。

　一例を挙げると，図3-2は奈良の大仏を実物の大きさで運動場に描いたものである。算数で学んだ「拡大図と縮図」を応用して，子どもたちが分担して描いた。このような活動をするためには教師の段取りが不可欠である。算数を1時間，総合的な学習の時間を2時間使って作成した大仏図であるが，そこに至るまでの計画から準備にかかった時間はそれ以上である。このような活動を必ずしも行う必要はない。まさに「不確実性」「無境界性」の特徴が表れてい

る活動である。しかし，活動中に熱心に線を引く姿や，この活動後「昔の人ってこれを銅で，しかも立体的に造るってすごいね」「奈良の大仏はどうやって作ったの？」「実際に本物の大仏を造ると考えると大変！」などの声を聞くと，それまでの計画や準備に費やした時間が一気に報われるのである。それは，教員の計画したことが上手くいったこともあるが，それ以上に子どもたちが奈良時代の歴史を自分ごととして捉えることにつながったことに対する満足である。

　実践家として著名な大村はま（1906-2005）は，教員が「子どもが好き」というだけで終わってはいけないことを論じ，常に子どもを教育していくことを大切にした（大村，1996）。子どもに学ぶことの楽しさや学んだことを活用できる楽しさを味わわせる，もしくは先人たちが築き上げてきた文化に子どもを参加させるのが教師の役目である。その役目を果たすために教員は自分の力を精一杯に注ぎこむ。そして，役目を果たせたことを確認できる，すなわち目指す子どもの姿がみられることを教員は常に求めているといえる。

（2）大学時代にできること

　「再帰性」の特徴からは教員を目指す学生も逃れられない。例えば，教育実習生の授業で，緊張のあまり思うようにまったく話せないにもかかわらず，子どもが集中する授業がある。これは，それまでの子どもとの関わりや授業において誠実に取り組む姿から子どもがさまざまなことを感じているからである。反対に，どんなに流暢に話したり笑い話をしたりして授業を楽しくしようとしても，それまでの関わりが浅いものならば，子どもたちの姿はどこかよそよそしい。

　また，直接子どもに関わらなくても，学生時代の姿は教壇に立った時にブーメランのように戻ってくる。学生時代に何かに打ち込んだり，学生時代にしかできない体験をしたりすることは，結果的に「学ぶ楽しさを知っている人」「目標達成のために頑張る人」として子どもたちに映る。大学時代を通して得た経験は，言葉以上の魅力となって子どもたちに伝わる。

　特に小学校教員を目指している学生はさまざまな経験をすることが，小学校

教員としての資質を育むことにつながる。小学校教員と中学校・高校教員の違いはさまざまだが，筆者は「ジェネラリスト」と「スペシャリスト」と考える。中学校・高校の教員は各教科のスペシャリストとして各教科の指導を行う。それに対し，小学校では基本的に全教科を一人の教員が指導する。そのため，ジェネラリストとしてさまざまな教科を教えるためには，教員自身がさまざまなことに興味関心をもち，各教科の本質的なおもしろさを実感しなければならない。各教科となると広すぎるように感じるが，この世の中のあらゆるものは各教科につながる。だからこそ，さまざまな経験が各教科の内容と結びつけられたとき，教員として発する言葉に重みが増し，知識とともに情熱が伝わる。学問の出会いの時期である小学校の時期に，そのような教師の言葉は子どもにとって大きな意味をもつ。

　子どもは大人を通して社会（世界）を知る。憧れの大人のことを真似することで，子どもは学ぶ。初任者の頃は他の教員に比べ教職経験がない。だからこそ，大学時代の経験が重要となる。子どもに学んでほしいこと，身に付けさせたいことなどをイメージして，自らが大学時代に挑戦してほしい。望む子どもの姿は，自分自身の行動が決めるのである。

（3）師として子どもの前に立つ

　「再帰性」の特徴は，小学校の教員にやりがいをもたらすと同時に責任ももたらす。教員として子どもの前に立つということは，職業にとどまらず子どもの今後の姿にも影響するからである。よって，子どもの前に立つというのは教員として立つだけでなく，「どんな人間として立つのか」というくらいに大きな意味をもつ。

　梶田（2017）は，「指導力不足教員」や「不適格教員」といわれる教員の存在が指摘されるようになった現状において「師道＝教師としての基本的生き方」の再興が必要と論じている。先の「どんな人間として立つのか」の問いに対しては，「師として立つ」と即答できる，すなわち真の「教師」として子どもの前に立たなければならない。教員採用試験によって，他者の評価のもと

「教員」になることはできる。しかし，子どもにとっての「師」となる真の「教師」は，自らがなることを強く望み，それに向かって精進しなければ決してなりえない。

　教員志望学生は，教員採用試験に合格し教員になることは通過点であり，真の「教師」になるという更なる目標があることを忘れないでほしい。

　「師」と同様に使われる言葉として「先生」という言葉がある。教員も「先生」と敬称で呼ばれる職業である。小学生が「先生，先生」と慕ってくれると，この職業についてよかったと思うかもしれない。ただし，それに足るだけの人間になっているのか，それに値する職業人となっているのかと，常に自分自身を見つめなおさなければならない。

　このように，子どもの前に「師」として立つと考えたとき，先述の信念が重要となる。「自分はどのような教師になりたいのか」「どんな授業をして，どのように子どもを育てたいのか」など，自分自身の指針になるのは信念である。しかし，実際に「私の信念は……」と日ごろから考えることもないであろう。そこで，自分自身のモットーを作っておくことを勧める。「不確実性」「無境界性」のために教員であることがつらい時もある。「再帰性」のために責任も重い。そのような時に，自分の指針となるモットーを思い出すことで，自分の教員としての初心を再確認できる。筆者の小学校教員時代のモットーは「すべては子どもの笑顔のために」であった。この言葉を，胸を張って子どもにいえるかどうかで自分自身を振り返ることもでき，さまざまな困難も乗り越えることができた。自分の教師像を明確にし，教師として成長するためにもモットーをつくることを勧めたい。

　再帰性の特徴がゆえに「教員」ではなく真の「教師」として子どもたちの前に立つことが求められる。義務教育における最初の学校である小学校だからこそ，子どもたちのためにも「師」でありたい。

引用・参考文献

秋田喜代美「教えるといういとなみ──授業を創る思考過程」佐藤学編『教室という

場所』国土社，1995年。

秋田喜代美「教師の信念」日本教育工学会編『教育工学事典』実教出版，2000年。

大村はま『新編　教えるということ』ちくま学芸文庫，1996年。

椿井大輔「同僚性コミュニティを軸とした授業力量に資する省察の実践的研究：小学校の学年集団による書き言葉による省察に焦点をあてて」『日本教師教育学会年報』⒂，2017年，124〜134ページ。

梶田叡一『教師力の再興——使命感と指導力を』文溪堂，2017年。

河村茂雄・国分康孝「教師の教育実践に関するビリーフの強迫性と児童のスクールモラールとの関係」『教育心理学研究』⒂，1997年，213〜219ページ。

木原俊行『授業研究と教師の成長』日本文教出版，2004年。

佐藤学『教師というアポリア——反省的実践へ』世織書房，1997年。

佐藤学『専門家としての教師を育てる——教師教育改革のグランドデザイン』岩波書店，2015年。

佐藤学「教育改革の中の教師」佐藤学・秋田喜代美・志水宏吉・児玉重夫・北村友人・佐藤学編『学びの専門家としての教師』岩波書店，2016年。

武田信子「PCK をめぐる一考察」ロックラン，J. 監修原著／武田信子監修解説／小田郁予編集代表『J・ロックランに学ぶ教師教育とセルフスタディ——教師を教育する人のために』学文社，2019年。

Schön, D.A., *The Reflective Practitioner : How Professionals Think in Action*, Basic Books, 1983（柳沢昌一・三輪建二監訳『省察的実践とは何か——プロフェッショナルの行為と思考』鳳書房，2007年）。

第4章　中学校・高等学校教員として考えたいこと

　子どもたちは，なぜ学校で学ばなくてはならないのか。もちろんその答えは，日本国憲法や教育基本法をはじめさまざまな法規で定められているからとなる。しかし，一方で増加し続けるいじめや学業不振による不登校，多様化する社会の中でこれまでの教育制度に対する不信感など，学校に対して厳しい目が向けられていることをふまえると，果たしてそれだけの理由でよいのだろうか。筆者は学校をただ単に学習する場ではなく「小さな社会」ととらえることで，学校のあるべき姿がみえてくると考える。目まぐるしく変化する社会だからこそ，子どもたちは「小さな社会」でこれからを生きていくための力を養わなければならないのではないだろうか。

1　なぜ学校で学ばなければならないのか

　校種を問わず，教員が常に頭の片隅で考えておかなければならないことは「なぜ学校で学ばなければならないのか」ということである。もしも，子どもから「なぜ学校に行かなくてはいけないのか」と質問されて，「子どもは学校で勉強するのは当たり前」「進学するため」「安定した会社に就職するため」と答えて納得するだろうか。

　数年前に自ら不登校を宣言した小学生のインターネット上の動画が話題になったことがあった。確かにその小学生は，学校の先生と上手くいかないことがあったようだが，自分ではどうすることもできない障壁があり学校で学びたくても学べないような状況ではないように思われた。小学生自らが学校で学ぶことを否定したのであった。普段から日本の学校教育に対して疑問を抱いている者からは，待っていましたといわんばかりにその子どもの行動を称賛する反応

があった。もちろん，一方でその子の将来や家庭などの周りの環境を懸念する反応もあった。学校現場では憤慨したり影響が広まることを危惧したりしていたことと想像ができる。また，なんともいえないもどかしさのような感じをもった教員も中にはいたのではないだろうか。私は，何よりも今の子どもたちの中にそういった思考が自然と生まれ，社会が受容するような環境があるという事実を冷静に受け止めなければならないと感じた。

そこで，多様な価値観が生まれる時代だからこそ，改めて「なぜ学校で学ばなければならないのか」という問いから，これからの「学校の役割」や「教員の役割・あるべき姿」を考えていきたい。

2　子どもたちが学校に行く理由とは

（1）義務教育を定める法規

まず，我が国では，「子どもは，学校で学ぶことが法律で定められている」ということを確認しておく必要がある。

我が国の教育の基盤となっているのが，小学校と中学校の義務教育である。これは日本国憲法第26条に定められている（下線部分は筆者による）。

> 第26条　すべて国民は，法律の定めるところにより，その能力に応じて，ひとしく教育を受ける権利を有する。
> ②　すべて国民は，法律の定めるところにより，その保護する子女に普通教育を受けさせる義務を負ふ。義務教育は，これを無償とする。

つまり，子どもたちの保護者はその子どもたちのために教育の機会をしっかりと提供しなくてはならないということである。

さらに，教育基本法第5条第1項，第2項では義務教育の目的とともにそれが社会（国民）の義務として明確に定められている（下線部は筆者による）。

> 第5条　国民は，その保護する子に，別に法律で定めるところにより，普通教育を
> 　受けさせる義務を負う。
> 　2　義務教育として行われる普通教育は，各個人の有する能力を伸ばしつつ社会に
> 　おいて自立的に生きる基礎を培い，また，国家及び社会の形成者として必要とさ
> 　れる基本的な資質を養うことを目的として行われるものとする。

　また，その教育が行われる学校について定められた学校教育法では，学校の役割はもちろんのこと，社会や保護者の役割についても明確に定められている。第16条では，保護者が子どもに普通教育を受けさせる義務の期間を9年間としている。その義務に従わなかった保護者については，第144条で「第17条第1項又は第2項の義務の履行の督促を受け，なお履行しない者は，10万円以下の罰金に処する」（第17条は義務教育を受けさせなければならない年齢等についての規定），「法人の代表者，代理人，使用人その他の従業者が，その法人の業務に関し，前項の違反行為をしたときは，行為者を罰するほか，その法人に対しても，同項の刑を科する」というような罰則が設けられている。

　ただし，もちろん全員が同じように学校に通うことができるとは限らないので，第18条では「前条第1項又は第2項の規定によつて，保護者が就学させなければならない子（以下それぞれ「学齢児童」又は「学齢生徒」という。）で，病弱，発育不完全その他やむを得ない事由のため，就学困難と認められる者の保護者に対しては，市町村の教育委員会は，文部科学大臣の定めるところにより，同条第1項又は第2項の義務を猶予又は免除することができる」というように，そのような子どもたちへの配慮もされているが，特別な場合のみである。

　また，その義務教育については第21条で次のように定められている。

> 第21条　義務教育として行われる普通教育は，教育基本法（平成18年法律第120号）
> 　第5条第2項に規定する目的を実現するため，次に掲げる目標を達成するよう行
> 　われるものとする。
> 　一　学校内外における社会的活動を促進し，自主，自律及び協同の精神，規範意

識，公正な判断力並びに公共の精神に基づき主体的に社会の形成に参画し，そ
　　の発展に寄与する態度を養うこと。

二　学校内外における自然体験活動を促進し，生命及び自然を尊重する精神並び
　　に環境の保全に寄与する態度を養うこと。

三　我が国と郷土の現状と歴史について，正しい理解に導き，伝統と文化を尊重
　　し，それらをはぐくんできた我が国と郷土を愛する態度を養うとともに，進ん
　　で外国の文化の理解を通じて，他国を尊重し，国際社会の平和と発展に寄与す
　　る態度を養うこと。

四　家族と家庭の役割，生活に必要な衣，食，住，情報，産業その他の事項につ
　　いて基礎的な理解と技能を養うこと。

五　読書に親しませ，生活に必要な国語を正しく理解し，使用する基礎的な能力
　　を養うこと。

六　生活に必要な数量的な関係を正しく理解し，処理する基礎的な能力を養うこ
　　と。

七　生活にかかわる自然現象について，観察及び実験を通じて，科学的に理解し，
　　処理する基礎的な能力を養うこと。

八　健康，安全で幸福な生活のために必要な習慣を養うとともに，運動を通じて
　　体力を養い，心身の調和的発達を図ること。

九　生活を明るく豊かにする音楽，美術，文芸その他の芸術について基礎的な理
　　解と技能を養うこと。

十　職業についての基礎的な知識と技能，勤労を重んずる態度及び個性に応じて
　　将来の進路を選択する能力を養うこと。

　ここでは子どもたちに対して，保護者はもちろんのこと社会全体が用意した
教育の機会を実行する場としての学校で具体的にどのようなことをしていかな
ければならないかが定められている。

　つまり，義務教育の「義務」とは，子ども自身の学校へ行く義務というより
も，我が国の未来のために保護者を含め大人たちが社会全体で子どもたちに教
育の機会と場を提供しなければならない「社会の義務」ということである。社
会全体で，これから社会の一員となる子どもたちを受け入れるために教育を行

っているといえる。

（2）子どもたちをとりまく社会

　社会は，いくら子どもが学校には行きたくないといってもなんとか学校に行かせるようにあらゆる手立てを立てなくてはならない。例えば，学習が苦手で学校に行きたくない子どもたちから「家の人が学校に行って勉強しなさいっていうから仕方なく学校に来た」というような言葉を耳にするが，その子どもの主張はある意味正しいことである。また，学校へ行くことを自ら拒否し不登校宣言した子どもの行動も，親が学校を否定していないのであれば何ら問題がないことになる。

　今の子どもにとっては学校以外での学びの機会はいくらでもある。例えば，家庭教育やインターネットを通じた学習，自主学習，家庭教師による個別学習などさまざまな方法があり，自分の環境に合わせて自由に選択できる。学校での学習内容と何ら変わらないどころかむしろより充実した学習を得ることもできる。子どもたちからみれば，学習の場は学校にこだわることはないのかもしれない。

　しかし，学校は教科を学習する場だけにとどまらない。さまざまな家庭の子どもたちが1か所に集まれば，コミュニケーションが生まれ，ルールや規則といったある一定の秩序が必要となる。それは，社会全体が未来を担う子どもたちを学校という機関を通して社会の一員として迎えられるように教育する場であり，社会へ出るための基盤を築く場でもある。特に，義務教育の最終段階にある中学校は，「小さな社会」と見立てることができるのではないだろうか。心身の成長とともに社会へ出る一歩手前であり，学ぶ場としての「小さな社会」の役割は大きいと考えられる。

3　中学校・高等学校の教員の役割

（1）さまざまな変化

　いわゆる「中1ギャップ」という言葉を耳にすることがあるが，あくまで象徴的な名前であって定義されたものではない。しかし，生徒の様子をみていると「小さな社会」となる中学校へ進学するというのは小学校入学以上に大きな出来事であることは確かだ。

　中学校はまず学習環境面で著しく小学校とは異なる。多くの中学校で通学区域の範囲が広がり，生徒数も多くなる（ただし，地方や郊外において少子化している地域では小中一貫校や小学校と中学校がそれぞれ1校ずつとなっていることもある）。また，小学校の学級担任制から教科担任制へと変わり，学校や教科によっても違いはあるが，50分授業をはじめ学習方法や学習内容，学習評価はテストやレポートなどで主体的な学習の成果が測られるなどの変化が起こる。その他にも学校生活の環境面では，多くの学校で制服をはじめ，さまざまなルールや校則の指導が徹底されたり，部活動や生徒会活動などが学年の上下関係の中で組織的に運営されたりする。

　入学前の生徒に不安やためらいが生じるのは当然である。少しでも「ギャップ」を解消するために，児童の体験学習や先生間の情報の共有など小学校と中学校との連携を深め，入学前の生徒をできる限り把握することも教員の重要な仕事である。*1

　せっかく「小さな社会」の入口をくぐることができても，中学生にとって，学習成果，部活動などの個々の活動，人間関係，家庭環境などさまざまなことが現実としてみえてくる時期であり，時にそれらが壁となり行く手を阻まれることもある。誰もが必ず通り，それらの壁を乗り越えていかなければならないが，時には迷ったり避けたりすることもある。

　生徒は日々成長し変化する。特に心身の発達の変化が著しい時期でもある。

中学校入学の前後で多くの子どもたちが思春期を迎え，心身ともに不安定な時期となる。性別による体の変化だけでなく，それによって性的な成熟も進みはじめる。内面の成長に伴って心のバランスを崩しやすい時期でもある。生徒によっては乗り越えられず思わぬ方向へ迷い込んでしまい，「不登校」や「問題行動」などに発展してしまうこともあるかもしれない。社会に出てしまえばすべて自ら判断し行動しなければならないので，自ら責任を負わなくてはならないようになる。しかし，「小さな社会」では解決方法がわからなかったり判断が未熟だったりしても，教員が手を差し伸べることができる。

（2）不登校や問題行動

　不登校については，「平成30年度児童生徒の問題行動・不登校等生徒指導上の諸課題に関する調査」（文部科学省，2019b）によれば，小・中学校における不登校児童生徒数は16万4528人であり，前年度から約14％増加しており，在籍児童生徒に占める割合は1.7％（前年度1.5％）とある。過去5年間の傾向として，小・中学校ともに不登校児童生徒数及びその割合は増加していると報告されている。また，中学校での不登校の主な要因は，家庭に係る状況が30.9％で，学校に係る状況としていじめを除く友人関係をめぐる問題が30.1％（いじめは0.6％），学業の不審が24.0％となっている。中学校では，不登校が小学校と比べかなり増加しており，一般的な40人学級で確実に1人はいるということになる（文部科学省，2019b）。

＊1　入学前に中学校長宛に指導要録の抄本又は写しを送付する（学校教育法施行規則第24条参照）が，そこには生徒の特性や学校生活での留意点等は記載されていないので，特に連絡会議等において生徒情報の情報を交換をしっかりと行わなければならない。現状は年度末である3月下旬の学校は人事異動等もあり非常に慌ただしく難しい面もある。また，指導要録ではわからない家庭環境や友人関係など重要な生徒情報もあるので，年度末だけではなく普段より小中連携を密にし，情報交換を行うことが大切である。そのことによって中学校での受け入れ態勢や配慮等も行うことができる。

　ただし，環境が大きく変化するので小学校の見立てと変化することもあり，思い込みによる指導には気を付けなければならない（筆者補足）。

また，問題行動については，以前であれば暴力や万引きなどの問題行動が課題となっていたが，「刑法犯少年の検挙人員は，平成16年以降15年連続で減少しており，平成30年中は２万3,489人と，平成21年の３分の１以下にまで減少した。また，触法少年（刑法）についても，９年連続で減少している。特別法犯少年は，平成23年まで増加傾向にあったが，平成30年中は4,354人と，７年続けて減少した。また，触法少年（特別法）も６年続けての減少となった」（警察庁生活安全局少年課，2019）と報告されている。

　また，学校での暴力行為については，「平成30年度児童生徒の問題行動・不登校等生徒指導上の諸課題に関する調査結果について（通知）」（文部科学省，2019c）によると「小学校，中学校，高等学校における暴力行為の発生件数は，約７万３千件である。特に，小学校においては，在籍児童数が減少しているにもかかわらず増加が続いており，憂慮すべき状況にある。また，小学校における暴力行為の発生状況では，生徒間暴力の増加が著しい。増加の背景については様々な要因が考えられるものの，犯罪にならない初期段階のものでも暴力行為と捉え，指導している結果という点では肯定的に評価している」と報告されている。これは教員をはじめとする地域や警察などの関係機関の連携による成果もあるが，これは子どもたちを取り巻く生活環境の変化や興味関心の向く方向が変化していることもあると考えられる。

　問題行動ついては，心身ともに不安定な時期だからこそ起こりうることでもあり，事後であっても有効な指導の手立てを得ることもできるが，いじめや自死は事後の指導では許されない。学校を問わずあってはならないことのはずであるが，子どもたちは依然として深刻な状況であることに変わりはない。

（3）いじめ

　いじめでは，いじめ防止対策推進法第28条第１項に規定する「重大事態」の発生件数について，平成30年度は602件で平成29年度の474件からかなり増加している。平成30年度のうち，中学校での件数は288件（小学校188件，高等学校122件，特別支援学校４件）と半数近くを占めている（文部科学省，2019b）。

　いじめを苦に自ら死を選択せざるを得なくなる生徒も後を絶たない。非常に残念なことではあるが平成30年度では，「自殺した児童生徒が置かれていた状況として『いじめの問題』があった児童生徒は9名」（文部科学省，2019b）と報告されている。そのような最悪の事態はあってはならないが，何よりも普段からいじめを未然に防止することが大切である。まずは日々絶え間なく生徒へ「命の大切さや人を思う心の大切さ」を強く訴えていかなければならない。

　いじめはある日突然起こることは滅多にない。必ず要因や課題があり，その生徒は，交友関係や外見，言動，健康状態，成績など何らかの変化を表出している。教員はそういったことを敏感に感じとることが必要である。もちろんアンケート等による調査も有効ではあるが，実施することが目的化し啓発だけに終わったり，アンケート結果だけで生徒の実態を判断したりしないようにしなければならない。

　教員は生徒と接することができるからこそ，そのわずかな変化に気付き，真摯に向き合い，普段から声をかけたり話に耳を傾けたりすることが大切である。教員は生徒一人ひとりを常に想像力を働かせてしっかりとみる目をもたなければならない。しかもみえている部分というのは身体の表層にしか過ぎず，その下に隠れた大きな「心」を少しでも感じ取って行動することである。特に中学生の前後（高校1年生を含めて）は，深層での変化が著しい時期である。その心は大きく成長していくが同時にガラス細工のように繊細で壊れやすいし，壊れていても表層からはわからない。隠れた部分を覗くためには入口を広げてもらう必要があるが，そのためには安心安全の環境と絶対的な信頼関係が個人ではなく「小さな社会」である学校と築かれていなければならない。

　生徒にとって学校は「小さな社会」ではあるが，そこには実社会よりも安心と安全が確実に担保されていなくてはならない。その安心と安全を提供することが教員の役割である。助けを求めて相談する際もいじめの状況に置かれている生徒にとっては教員に相談することによってよりいじめの激しさが増すことを恐れがちである。よほどの信頼と解決への期待がもてるような教員でなければ相談はできない。いじめや問題行動に限らず，日常における生徒との信頼関

係の構築と学校への信頼が必要となる。

　ただし，学校経営によっては，この「小さな社会」もいじめや問題行動の原因の一つになってしまうこともある。生徒は社会からは守られているが，社会と遮断され，閉鎖的な空間に閉じ込められているような状態になる場合があり，そこでの限られた人間関係ではちょっとした行き違いでいじめや問題行動などが起こりやすい。いじめを受けた生徒も「小さな社会」ゆえに行き場がなくなり自殺へ追い込まれる危険性もある。教員も閉鎖的な「小さな社会」ゆえに客観的にみることを忘れがちになるので，教員同士や学校間，保護者，外部組織をはじめとする地域社会との連携がなくてはならない。

4　未来へつなぐキャリア教育

　中学生は，いつまでもその「小さな社会」に留まっているわけにはいかない。生徒が満15歳になる学年までの3年間という限られた時間の次には「実社会」が待っている。誰もこれを遅らせることはできない。卒業までに生徒が次の「実社会」でどのように歩むかを決めていくのが進路指導である。

　中学校の進路指導については，中学生の98.8％（文部科学省，2019c）が高等学校へ進学しているので，中学校の進路指導は高等学校に入るための指導が主となるのも当然であるが，その進路先である高校では，不登校や進路変更，中途退学が課題となっている。

　高校の場合は，義務教育とは違い，不登校による長期欠席は単位不認定となり進級ができなくなり，留年または中途退学となってしまう。「平成30年度児童生徒の問題行動・不登校等生徒指導上の諸課題に関する調査」（文部科学省，2019b）では，「高等学校における中途退学者数は48,594人（前年度46,802人）であり，中途退学者の割合は1.4％（前年度1.3％）。過去5年間の傾向として，4年連続で減少した後，増加に転じている（H25：59,923人→H30：48,594人）」となっている。中途退学に至る事由は，病気や怪我，経済的な理由，家庭事情や問題行動などもあるが，「進路変更（35.3％）」と「学校生活・学業不適応

（34.2％）」で7割を占めている。その次に「学業不振（7.8％）」となっている。

　個別にさまざまな原因はあるかと思うが，留年や中途退学は進路指導における理想と現実の隔たりの大きさによって起こる課題ではないだろうか。

　本来，進路指導とは，これから長く続く人生設計の中で，次の進路をどのようにすればいいのかを考えさせる学習である。そこでは，夢や希望を叶えるために，より可能性が高まるような進路を選択できるよう環境を提供しなければならない。その際，時には冒険や挑戦が必要となってくるが，すべての生徒が実現できるわけではない。特に中学校卒業時は成人までの時間が限られ迷うものの，確実に進路先を決定することが望まれるので，指導としては，どうしても安全志向にならざるをえなくなる。

　高等学校は，調査書や入試等があり点数化された学力で判断されるので，学力に不安がある場合に，「入りたい学校」よりも「入れる学校」になりがちである。進路指導が高校への進路に特化した指導になり，それが「出口指導」と言われる所以ともなっている。入学後，気持ちを切り替えることができればいいが，不本意であったり周りの雰囲気に馴染めなかったりする場合がある。また，挑戦したことはよかったが，無理をして入った場合，入学後その高校の学習進度についていくことができなくなる場合もある。このようなことが高校において学業不振や不登校に陥り，進路変更や中途退学へ向かう原因の一つとなっていると考えられる。高校における大学や専門学校への進路指導においても同様のことが起こっている。

　中学校卒業直後の進路指導や高校卒業直後の進路指導ということではなく，小学校から高校の延長線上にある「未来の自分」の姿を自ら思い描けることができるような「キャリア教育」の指導が必要である。中学校卒業後の進路が不本意であったとしても，その先の目標がある程度みえているのであれば，違う角度からどのように学び歩んでいくべきかを考えることもできる，それをチャンスととらえ，新たな未来に挑戦することもできる。

　一方で，将来がなかなかみつからない生徒も多くいる。予測できない社会ではさらに難しいことではあるが，教員や保護者など周りの大人が結論を急がせ

るあまり自分を見失い，安易な方向へと傾いてしまうこともある。その時点では明確な方向性を導くことができなくても，まずはつねに自ら考え歩み出す力をつけさせることが大切である。それは「小さな社会」という環境だからこそできると考える。

　「キャリア教育」のキャリア（career）の語源はラテン語の「車道（carrus）」で，昔の馬車が通った後にあぜ道に残る車輪の跡のことであり，そこからこれまで歩んできた人生やこれから進むべき道などがイメージされる。

　「キャリア教育」が車道であれば，次のようにたとえられるかもしれない。現代に置き換えれば馬車はクルマとなるが，そのクルマの向かう先が生徒の未来となる。運転手はもちろん生徒自身で，運転方法を得ることが「キャリア教育」ではないだろうか。生徒の学校での学習やさまざまな活動がエンジンや燃料となる。教員による進路指導と生徒指導はそのクルマの両輪となり，車を安全でスムーズに走らせるために必要な部品ではないだろうか。

　それであれば「小さな社会」である学校はクルマの運転技術や交通ルールを学ぶ自動車教習所であり，一般の路上である実社会でどのようにクルマ（キャリア）を一人で思うように運転できるかを身に付けさせることが教師の役割ではないだろうか。時には路上教習のように横で指導しながら運転することもある。

　ただし，間違ってはいけないことは，運転が下手だからといって，つい教師が生徒を乗せて運転してしまうことや，いつまでも教師や保護者が同乗しつづけるようなことである。

　しかし，実社会では，好意的に自分自身の行動をみてくれるような人に出会うことは少なくなる。仕事上の助言はあっても人間に対する助言はなかなか得られない。しかし「小さな社会」の中では，生徒は友人や教員から親身になってさまざまな助言をもらうことができる。「小さな社会」だからこそできることである。

5　次代を担う子どもたちのために

　学校での学びが，ただ単に知識を得ることを目的とするならば，情報化社会においては，時間や場所にとらわれず生徒は最適な環境を選ぶことができ，それはむしろ学校よりも有用ではないだろうか。しかし，学校での活動を「小さな社会で行うキャリア教育」ととらえれば，学習だけではなく，さまざまな活動を通して，生徒同士のコミュニケーションや先生と生徒の関係の中で培われる社会性，集団活動での役割や義務，ルールを守ることの大切さなど，さまざまな意義をみいだすことができるはずである。

　しかし，実際の社会はますます国際化や多様化，複雑化など変化が大きくなり，そこではこれまで経験したことのないような予測不可能な困難や課題が生まれ，それに対して我々は柔軟かつ大胆な新しい価値観で発想し立ち向かっていかなければならなくなっている。特に人工知能の発達は，これからの社会を助けると同時に私たちの固定的な価値観を覆すものになるという予測もある。

　今まさに我が国の教育のキーワードである「生きる力」の教育の真価が問われている。学習指導指導要領では，小学校から高校まですべての教科の目標を「三つの柱」つまり「知識及び技能」「思考力，判断力，表現力等」「学びに向かう力，人間性等」で整理した。これらはその順番に段階的に達成されていくものではなく，それぞれの教科における重要な見方と考え方を働かせながら，相互に働き合い行き来させることで資質・能力を育成させなければならない。これからの教育は，従前の知識や技能習得だけに終わらない，終わりない探求の学びを目指すこととなる。

　こういった時代だからこそ，学校や教員は実社会とのつながりをよりいっそう意識していかなければならない。教科と生活や社会のつながりはもちろんのこと，社会の変化に応じて，教員は学校での教科教育の枠に収まるのではなく，専門分野に傾倒していなければならない。特に高校は，その先に大学・専門学校進学や就職などが控えているので，専門分野に関わる最新情報を提供してい

くことも必要である。さらに自分自身の教科だけでなく社会全般の動向についても把握しつつ他の教科とのつながりも意識することも大切である。近年では「SDGs（Sustainable Development Goals：持続可能な開発目標)」や「STEAM教育」など一つの分野で完結されず複合的にさまざまな分野と関係するようこともあるのでより視野を広げておく必要がある。

　教育の目的は教育基本法第1条で「教育は，人格の完成を目指し，平和で民主的な国家及び社会の形成者として必要な資質を備えた心身ともに健康な国民の育成を期して行われなければならない」と定められ，学校は生徒たちの人格の完成と社会の一員として迎えるために教育をしなければならない。しかしそれを裏返せば，教員は人格の完成者であり，社会の形成者としての資質を備え，心身ともに健康でなければならないということである。また，同時に，「小さな社会」である学校の中で，生徒にとっては「社会の大人の見本」となる存在になる。

　そのためにも，教育基本法第9条で「法律に定める学校の教員は，自己の崇高な使命を深く自覚し，絶えず研究と修養に励み，その職責の遂行に努めなければならない」とあるように，教員は自らやりがいをもって常に生き生きとし，教員自身の人間力をよりいっそう高めていかなければならない。

　その教師の姿が「なぜ学校に行かなければならないか」の答えかもしれない。

参考文献

警察庁生活安全局少年課「平成30年中における少年の補導及び保護の概況」2019年。

文部科学省「生徒指導提要（平成22年3月)」2010年。

文部科学省『中学校学習指導要領（平成29年告示）解説　総則編』東山書房，2018年。

文部科学省『高等学校学習指導要領（平成30年告示）解説　総則編』東洋館出版社，2019年a。

文部科学省「平成30年度児童生徒の問題行動・不登校等生徒指導上の諸課題に関する調査」2019年b。

文部科学省「平成30年度児童生徒の問題行動・不登校等生徒指導上の諸課題に関する調査結果について（通知)」2019年c。

文部科学省「令和元年度学校基本調査」2019年d。

コラム2
学校支援ボランティアに

　学校支援ボランティアは，学校現場の教員と子どもたちの関わりを学び，問題場面の対応を学ぶ機会である。この学びは，教員採用試験の場面指導に生き，面接での答えにも生きる。積極的で自主的な学校支援ボランティアを行ってほしい。

　そのためにはまず，学校で働くための基礎知識をボランティア先の学校の管理職の先生，各主任の先生からしっかりと聴き，内容を理解し，吸収することである。特に，学校で許されない行為にどんな行為があるかを胸に刻むことである。仲間内では許されていても，学校現場では絶対に許されないということがある。次に，心構えをつくることである。学校支援ボランティアの学びの目的が何かをふまえ，大事にすべきことをしっかりと自分の胸に刻んで，指示待ちにならず，自分の頭で責任を持って判断をし，行動するよう心がける。さらに，チームの一員として子どもたちや上司から信頼され，前向きに仕事をしている教員を見つけ，その教員の仕事ぶりをよく観察することである。その教員は子どもたちをどう理解し，どんな関わりをし，どのような関わる努力をしているか，またどんな授業をしているかを，よく観察して学んでほしい。

第5章

授業づくり

　教員の仕事はさまざまにある。しかし，簡潔にいえば，確かな「人」として，子どもたちを教え育てることに尽きる。

　もちろん，教員が完成された「人」であるわけがない。どんな人生の日々を送ろうと，つねに「未熟」な存在である。けれども，教員であろうとする人は誰もが，少しでも自分自身を確かな「人」に高めようと今日を生きている。だからこそ，教員は，まだまだ未熟な「人」である小学生・中学生の子どもたちを，確かな「人」に育てようと懸命に教育の仕事に携わる。

　子どもたちを確かな「人」に育てる，そんな教員の仕事において，最も重要なことは，授業をつくること。子どもたちに学力を獲得させ，「人」として生きる力を育むために，毎日の教育活動の核となる授業づくりについて考えてみよう。

1　「授業づくり」こそ，最も大切な教員の仕事

（1）学校の「授業」と教育課程

　授業づくりは，各学校ごとに編成する教育課程に沿って展開される。小学校については，「学校教育法施行規則」で以下のように規定している。

第50条　小学校の教育課程は，国語，社会，算数，理科，生活，音楽，図画工作，家庭，体育及び外国語の各教科，特別の教科である道徳，外国語活動，総合的な学習の時間並びに特別活動によって編成するものとする。

そして，それぞれの授業に当てる年間の時数を各学年ごとに提示している。小学校1年生で850時間，6年生は1015時間である。そのうち，例えば，国語の授業に限ってみると，1年生306時間，2年生315時間，3・4年生が245時間，5・6年生では175時間と示されている。

実際の学校現場では，上記を基盤に教育課程が組まれ，毎日の時間割がつくられ，授業が進んでいく。

（2）教師の授業づくりの質で，子どもの学びの質は変わる

6年生の子どもたちが学ぶ，年間1015時間の授業。教員はその授業をつくり続けなければらない。算数で，理科で，体育で，図工で，道徳で，外国語で……。そのすべての授業において，どのような力を子どもたちに育まなければいけないか。そのために，どんな学習材で，どんな学習指導過程で，どんな1時間の授業をつくるか。

それぞれの教科に，子どもたちに育むべき学力がある。その基盤となるものが学習指導要領であることはいうまでもない。学習指導要領に提示されている各教科の目標・指導事項を踏まえつつ，目の前にいる子どもたちの実態に応じて，1時間1時間の授業内容を構想する。

以下，最も授業時数が多く，毎日必ずある国語の授業をもとに，授業づくりと子どもの学びについて考えてみよう。

国語科で育てるのは，もちろん，「言葉の力」である。読む力，書く力，話し聞く力，言葉に関わる知識・技能，そのすべては，あらゆる学びの根幹となる学力。まさに，生きる力そのものである。

ある高名な国語教育研究者がいう。「子どもたちが大人になったとき，一人の社会人として自立して生きていく。言葉の力はそのための重要な生きる力だ。小学校国語教室はその基本的となる部分を教え，訓練しなければならない」

今，学校現場では，子どもたちの学力が低下しているというさまざまな調査結果への反応か，「学力診断テスト」が盛んに実施されようとしている。子どもたちの言語実態を的確に把握することは，きわめて重要なことだ。だから，

「学力診断テスト」は意義があるし，国語教室に必要不可欠だろう。

　しかし，「テストのためのテスト」が重大視されるとき，きっと国語教室はやせ細っていく。良心的な教師は考える。テストの点数が高いことは，子どもの「言葉の力」が付いてきている証拠だ。ならば，点数がとれる勉強をすればいい。読解のプリントをたくさん用意しよう。漢字プリントを毎日させよう……。そうして，子どもたちは，学ぶことの喜びから遠ざかっていく。

　筆者も含め国語教室を営むものは，子どもの言葉に関わる「欲求」を強く実感する場に日常的に出会う。

　例えば，子どもたちは，新しい言葉に出会いたくてたまらない。未知の言葉に出会うと，「これ，なんて読むの？　これ，どういう意味？」とすぐに問う。文章を書いていると，「知っている漢字，使っていい？」と得意になって言う。初めて助詞の「を」を学習した時，「くっつきの『を』を使って書けたよ」と満面の笑みを浮かべる。

　例えば，子どもたちは，言語作品のイメージ世界に没頭する。優れた絵本の読み聞かせをすると，体を少しも動かさずに聞き浸る。口を開け目を開いて聞き浸る。大好きな絵本に読み浸る。筆者が声をかけても何の反応も示さず，没頭する。何度でも同じ本の読み聞かせをねだり，繰り返し同じ本を全文を覚えるまでに読み返す。

　子どもは本来，このような学びに対する強い欲求をもっている存在であると，わたしたち教師が捉えたとき，きっと授業が変わる。

　国語教室の現場で，「高学年になればなるほど，子どもは自分からすすんで意見を言おうとしなくなる」とよく聞く。それがあたかも自然な成長段階かのように，あきらめ半分で。そして，もう一つの言。「高学年になればなるほど，国語嫌いの子が増えてくる」

　子どもは本来，言葉との関わりに強い欲求を持つ存在であると捉え直すとき，国語の授業そのものを変えざるを得ない。

　話すことを厭う子どもをつくっている要因は，国語授業にあり，国語嫌いの子どもをつくっているのは国語授業それ自体にある。

　いくらペーパーテストで完璧に解答しようと，人と目を合わせて会話することを厭う子ども，図書館の本を借りて読むことのまったくない子ども，文章を書くこと自体を敬遠する子ども。そんな子どもを前にして，わたしたちは，「言葉の力」を育んだとは決していえまい。

　彼らの実の場（日々の生活）において，自らの意志で言葉を「話し，聞き，読み，書く」という言語活動を展開できる子どもを育てることこそ，国語科教育の目標にしなければならない。

　物語を読むって面白いこと。考えを書けるって素晴らしいこと。自分の心の中の思いを話して伝えるって，仲間の心の中の思いが聞いてわかるって素敵なこと。国語の授業を通して，「言葉の力」を学ぶって，とってもとっても楽しいこと。とってもとっても大切なこと。そう，子どもたちに伝えたい。

　これはすべての教科でも同様である。歌を歌うこと・曲を演奏することの大好きな子どもを音楽科が育てようとするように。体を動かすことの楽しさを知り，スポーツに自ら参加する子どもを体育科が育てようとするように。身の回りの自然や住む街の歴史に興味をもち親しもうとする子どもを理科や社会科が育てようとするように。人の心を大切にする子どもを道徳科が育てようとするように。授業は確かな「人」を育てるためにある。

2　「授業」とは，教室で「学び合う」こと

（1）主体的・対話的で深い学び

　2017（平成29）年改訂の学習指導要領は，小学校・中学校全教科の授業づくりの指針として，「主体的・対話的で深い学び」の実現を提示した。これからの授業改善において，仲間のとの交流，話し合いなどの「対話」は重要な位置を占める。この「対話」は，算数でも，特別活動でも，英語でも，体育でも，どの授業づくりでも重視されなければならないだろう。

　ここでは国語の文学作品の授業づくりを例にしてみる。

物語を読解し，自らの創造した作品世界を同じ教室空間でともに学び合う仲間に伝える。また，仲間の作品世界を受け取る。そうした伝え合いの過程で，自らの読みの確かさを実感したり，反対に，自らの読みの曖昧さに気付いたりする。

　また子どもたちは，自分とはまったく異なる読みの存在に驚き，文学作品の読みの多様性を認識する。仲間の読みを知ることによって，あらためて読み直し，まったく違う読みに至る場合もあろう。

　ともに読み合う仲間の存在こそが，文学作品を読む面白さを再確認させてくれるのである。もっといえば，文学作品の国語教室の醍醐味は，この仲間との「読みの交流」にこそある。だからこそ，筆者の国語教室でも，この「話し合い」を重視してきた。

　けれども，今，その自らの授業を振り返り，心から「恥ずかしい」と思う。以下に紹介する授業をもとに，一緒に考えてみよう。

（2）ごんぎつねの「美しい授業」

　4年生，新美南吉の「ごんぎつね」の授業。クライマックス場面となる，最終場面を扱う。

「兵十の『ごん，おまえだったのか』にうなづく，ごんの気持ちを想像しよう」

　　十分間の一人読みの後，私が子どもたちに発表を指示する。子どもたちが勢いよく手を挙げる。クラス40人のうち，半数がピンと腕を伸ばして挙手をすると壮観である。私がその中の一人を指名する。その子は自信に満ちた表情で話し始める。

　　私は，その子の意見をその子の目を見ながら，聞く。頷きながら，真剣な眼差しで，聞く。そして，その子が話し終わると，私は大きく首を振って頷きながら，黒板に，意見の要点を書く。

　　その後，私は子どもたちに続けて意見発表を促す。また，パッと手が挙が

る。その中から一人を指名する。その子は，すっと立って自分の考えを話し始める。子どもたちは自分の意見を次々と述べる。私は彼らの意見の異同を聞き取り，黒板に書き加えていく。多様な読みでいつしか黒板はいっぱいになる。

筆者は，こんな流れの学習活動を「美しい授業」だと思っていた。

しかし，今，自分自身に問いかけてみる。一体，この一時間の授業で，何人の子どもたちが自分の読みを話したのか。一体，子どもたちは自分の読みを誰に伝えたくて話したのか。

この「美しい授業」に，「学び合い」はないのである。

（3）話す力は話すことによってのみ獲得される

クラスには40人の子どもたちがいる。この「美しい授業」の間，半数の子どもたちは一言も自分の読みを話していない。いや，半数どころではない。3分の2の子どもが，音声言語で自らの意見を表出していない。

それでも，話し合いの学習活動は表面的には十分に成立する。鋭い読みが出され，黒板は多様な読みで埋まる。美しく授業は流れる。

子どもは，実際に自分の音声言語で表現する過程で，自分の意見・読みを確かなものにしていく。心の中の漠然とした思いが，表現する過程でだんだんと明確になる。話すこと，誰かに思いを伝えるために言葉を選びながら，言い直しながら話すこと，それ自体に大きな意義がある。

ところが，この「美しい授業」では，その重要な学習活動を40人のうち，30人に保証していない。

今ひとつ，「美しい授業」のもつ，危惧すべき本質がある。

話し合いの活動で，自分の意見を話した子は，その話す喜びを体感する。教師がしっかりと聞いてくれ，要点を整理してくれる。その体験を通して，その子はますます話すことが好きになるだろう。次の機会があれば，また積極的に手を挙げ，発言を自ら求めようとするだろう。

一方，話さずに終わってしまった子は話すことからますます遠ざかる。自分の思いを音声言語で表現することに自信をもてず，手を挙げることを躊躇する。それでも，「美しい授業」は流れていき，そのうち終わりのチャイムが鳴る。

　そうした「話し合い」活動の積み重ねの末，きっと，ある子がつぶやく。「このクラスで積極的に意見を言う人は決まっている。あの子はそういう役目。私は，そんな役目の『ひと』じゃない」

　「美しい授業」はそんな子どもたちをつくってはいないだろうか。

（4）話すことは，仲間と学び合うこと

　「美しい授業」の「話し合い」場面で発言しているこの子は，一体，誰に向かって自分の読みを話そうとしているのか。教師である。

　黒板の前に立ってしっかりと聞こうとしてくれている教師に自分の読みを伝えようと，懸命に話をしている。その子の目をみれば，それはわかる。誰かに何かを伝えようとするとき，子どもは，目にその思いを表す。聞いてほしい，わかってほしいという強い意志を目に込める。

　話したくもないのに，指名され仕方なしに話している子の目力は弱い。その子は，聞いてくれる相手が存在せず，まるで独り言を言っているかのように，視線を下に落としながら話す。あるいは，自分のノートに書いてあることをただそのまま読むことで，発言に代える。そこには，誰かに自分の考えを聞いてもらいたいという，相手意識はほとんどない。

　この「目力」は，話を聞く子どもたちにも同様のことがいえる。

　仲間が懸命に自分の読みを話しているときに，聞いている子どもたちはどこに視線を向けているか。その話し手の考えを聞きたいと強く思うとき，子どもは，その話し手に自然に目を向ける。耳だけではなく，目で聞こうとする。

　けれども，先の学習場面において，発言する子に視線を意識して向けるのは，教師一人である。教師だけが耳と目で聞き取ろうと必死。だからこそ，その子は教師のみに目を向けて話す。

　そのとき，他の子どもたちの多くは，教師をみている。仲間の発言に対して

教師がどのような反応をするかをみているのである。またある子たちは，教師が要領よくまとめてくれた板書をみている。また，ある子たちは，その板書をノートに書き写している。そんな中，指名された子どもだけが教師に話し続けている。その姿が懸命であればあるほどそれは，寂しいものである。

　文学作品を学習材とした「話し合い」は，すこぶる意義があると述べた。しかし，そこにどうしても必要なことは，子ども自身の相手意識であり，仲間の存在の認識である。

（5）「対話」——すべての学び合い活動の基盤

　長年にわたって続けてきた「美しい授業」からの脱却を図るため，そして，クラスすべての子どもたちが主体的な意志をもって，話し聞き合う学習空間の創造のため，今，筆者が国語教室に積極的に導入を試みているのが，「対話」活動である。

「対話」活動のおおよその流れ

① 「話題把握」——仲間と話し合う共通話題を確認する。

② 「心内対話」——話題にもとづき，自分の考えをつくる。

③ 「ペア対話」——自分の考えを対面する仲間と交流する。

④ 「全体対話」——自分の考えをクラス全員と交流する。

⑤ 「個のまとめ」——最終的な自分の考えを整理し，まとめる。

　共通話題にもとづき，「心内対話」の時間内に自分の考えをつくっていく。文章中に書かれた言葉を丁寧に読みながら，作品との対話をする一人読みの段階である。書き込みをしたり，簡単に文章化したりしながら，この後に待っている「ペア対話」に備える。

　一連の対話活動で，最も重視しているのは「ペア対話」である。ペア対話は，文字通り，隣席の仲間と二人チームで行う。このペア対話の活動の際，子どもたちは自分の机を隣と向かい合わせる。直接対面して対話をするのである。

ペア対話の初期段階では、子どもたちに「三つの条件」を話す。

「ペア対話」三つの条件

① 話したいことを短く区切って、相手と交互に話す。

② 聞いていることを態度に示しながら、相手の話を聞く。

③ 終わりの合図があるまで、沈黙の時間を決してつくらない。

対話することにまだ慣れない子どもたちは、まず一人が自分の話したいことを一度に全部話してしまう。次にもう一人がまた全部話して、それで終了。それでは対話にならない。

そこで一つめの条件として、話したいことを短く区切り、交互に話すことを指示する。ややもすると、積極的な一人が一方的に話して終わってしまう傾向を克服するためでもある。

二つめの条件。ペア対話の活動中は、基本的にはいつも、目を話し手に向ける。そして、「私はあなたの話を聞いている」ことを態度で示すように指示する。態度で示す方法は、以下のように具体的に指導する。

・頷く。相づちをうつ。首をかしげる。

・「はあ、なるほどね」「そうか」「それで」など言葉を返す。

・同意できれば、微笑む。理解できなければ、顔をしかめる。

対話の基本は、相手と話し伝え合うことにある。対話相手が話しているときに、下を向いて聞くことは失礼だ、相手の目をみて「聞いているよ」という態度で聞きなさいと教える。

同時に、話す際には、聞く人の方をしっかりとみて話しなさいと指導する。なぜなら、相手はあなたの話を懸命に聞いていてくれるのだから。その聞き手の反応を確かめながら話しなさいと教える。

ペア対話の三つめの条件は、「終わりの合図があるまで、沈黙の時間を決し

てつくらない」。ペア対話の時間中，二人で話し続けることを義務づける。もう一度最初から意見を言い直してもいい，同じことの繰り返しでもいい，沈黙しないことを最優先させる。

　このペア対話を通して，クラスすべての子どもに，実際に「話す」という活動が保証される。自分の考えを言葉を選びながら音声言語で表現し，仲間に伝え，聞いてもらえる体験が保証される。

　ペア対話のあと，「全体対話」に入る。全体対話とは，いわゆる「話し合い」である。なぜ，対話なのか。

　子どもたちは，それまでのペア対話で，自分の読みを一人の仲間と交流してきた。今度の全体対話において，話し伝える相手は，黒板の前に立つ教師だけではない。この教室でともに学び合うすべての仲間たちである。そして，自分の読みを聞いてもらうと同時に，39人の仲間一人ひとりの読みをしっかりと聞く。だから，「対話」なのである。

　新しい学習指導要領が求める「深い学び」。その確かな成立のために「対話」活動のもつ意義はきわめて大きい。

3　授業づくりの実践例——授業づくりは試行錯誤の繰り返しであれ

（1）「ドラマ」ある授業の構想

　一編の物語がある。一編の説明文がある。それは，子どもたちに新たな「言葉の力」を獲得させるための教材である。教師は，どうすれば，その物語で言葉の力を育むことができるかを思い悩み，一連の言語活動を組織し，国語科の授業を構想する。

　しかし，単なる「言葉の力」の教え込みなら，効率的に言語活動を展開する授業を積み重ねればいい。教師の発問課題を中心に，読解練習プリントを毎時間与え続ければ，きっとテスト学力はついていくだろう。

　けれども，おそらく，そうして獲得した力は彼らの「生きる言葉の力」とは

ならない。読むこと，書くこと，話し聞き伝え合うことの面白さ（同時に，困難さ）を学ぶことを通して，「言葉の力」は彼らの真の力となる。

　十数時間の単元の流れをあれこれと思いめぐらす。その際，いつも教師の脳裏には，その一時間での教え子たちの姿がある。どんな反応を示すか，どんな表情をあの子はするのか。その構想の過程は，一編の「ドラマ」を創造する営みと，きっと同じ。以下に紹介する実践は，そんな思いから構想した国語単元である。

（2）『二つの「世界一美しいぼくの村」』の実践

　4年生の教科書下巻に掲載されている，小林豊の「世界一美しいぼくの村」。
　数十年に及ぶ内戦時代のアフガニスタンに生きる少年「ヤモ」の一日を描いたこの作品には，大きな事件といえるような出来事は起こらない。ただ，作品全体の至る所に戦争のにおいを感じさせる表現が伏線として置かれ，読者は先の展開に，ある種の不安を抱きながら読み進めることになる。

　けれども，終末場面の村に戻ったヤモの様子に健気さと微笑ましさを感じ，ヤモの「春」を待つ心に共感しながら，「でも，春はまだ先です」の一文を読む。筆者でさえ，そのような読みをする。まして4年生の子どもたちは，ヤモのさまざまな心の動きに深く同化するだろう。

　教科書では，「でも，春はまだ先です」の後，ページをめくると最後の場面が描かれている。たった一行だけの最後の場面である。

　その年の冬，村は戦争ではかいされ，今はもうありません。

　たった1行のわずかな言葉が，それまでの作品全体の読みを覆す。作品の心（主題）さえも根本から変わる。この物語は，そんな文学作品を読むことの「面白さ」（文学的感動）を体験する，実に優れた学習材性をもつ。

　筆者の4年生国語教室で，この「世界一美しいぼくの村」を教材としてもち込む。物語を自ら読み進める「自力読みの観点」を獲得することを学習目標と

して設定するとともに，ドラマある国語単元を構想した。

　単元導入の一時間目，子どもたちに「世界一美しいぼくの村」を印刷したプリントを配った。そのプリントに載せた物語は，次のように完結する。

> 　ヤモは，父さんにたのんで，白い子羊に「バハール（春）」という名前を付けようと思いました。でも，春はまだ先です。

　筆者は，最後の「その年の冬，村は戦争ではかいされ，今はもうありません」の一文を伏せた。まだ，下巻の教科書が手元にない子どもたちは，この「最後の一文」が存在しない作品を，一つめの「世界一美しいぼくの村」として読む。

　単元の学習は，その後，読解と対話と語りというさまざまな言語活動を展開しながら続いていく。そして，一つめの「世界一美しいぼくの村」の「作品の心」（主題）をそれぞれがまとめる段階までにきた。ある子は，自分の作品の心を「不安と嬉しさの先に希望がある」と捉えた。

　繰り返すが，それまでの十数時間，すべての学習は，「最後の一文」のない「世界一美しいぼくの村」を対象としている。そして，単元終末段階に設定した「一時間の授業」。その授業が半ばを過ぎたとき，子どもたちに話す。「実は，小林豊さんの創った『世界一美しいぼくの村』には，この続きがあります。たった一ページに，一つの場面が描かれています」

　Ｂ４判の中央に，最後の一文をぽつんと載せたプリントを配布した。

　プリントを読む子どもたちは，誰も一言も発しなかった。いつもは賑やかまでに反応する教室空間にシーンとした静寂のみが漂った。そんな子どもたちに，「破壊されたものは何か」と聞いた。ある子は「ヤモの心」と答え，ある子は「家族のつながり」と答えた。

（3）ともに「夢」を抱く授業を――指導目標と学習目標の融合

　数時間，ときには十数時間を超える国語科単元。そのすべての授業は，教師

の設定した，育成すべき「言葉の力」すなわち，単元の指導目標によって展開される。

では，学習者である子どもは，今，何のために読んでいるのか。何のために書いているのか。話し合っているのか。考えているのか。その自分の学びの意味，意義を自覚できたとき，子どもたちの学習目標と，教師の指導目標が融合する。そして，確かな「言葉の力」を獲得できる。

だからこそ，単元最終段階のゴールを明確にし，教師と子ども一緒に「夢」を抱こう。自分の教え子たちなら，きっと目を輝かせるような「夢」を。

筆者の国語教室から，そんな夢追う単元をいくつか紹介する。

2年生の子どもたちと，上野動物園で，初めて出会う人たちを相手に「動物博士」になって大好きな動物の解説をする単元を実践した。池袋のサンシャイン水族館では，「海の生き物博士」になった。この動物園や水族館でのわずか数時間の「夢」の実現のために，子どもたちは，学習材となる説明文を読解し，説明文を書き，そして音声表現の学習を自らの意志で展開した。

3年生の子どもたちと，『ハリー・ポッターと賢者の石』を学習材に，長編単元に挑んだ。あらすじをまとめ，人物関係図を作成した。そして，単元最終段階で，都内の映画館に全員で行き，観客相手に「賢者の石」のあらすじを説明し，最も好きな場面を語った。十数時間に及ぶ単元の「夢」の実現である。

4年生の子どもたちと，「ごんぎつね」を中心に，数十編の南吉作品を多読し，その「作品の星座」を作成するという単元を展開した。その単元の「夢」は，自分たちの学習記録を南吉の故郷である愛知県半田市の新美南吉記念館に届けることである。その「夢」の実現のために，彼らは，新たに獲得した自力読みの観点を駆使して，作品を詳細に読解し，自分の選択した南吉作品の「作品の星座」を自分の力で完成した。そして，40人全員で東海道新幹線に乗り，記念館への旅を決行した。この「ドラマ」は，さらに思わぬ発展をし，南吉の母校である岩滑小学校の子どもたちとの交流という貴重な機会も加わった。彼らが館長さんに手渡した学習記録集は，記念館に今も展示保管されている。

5年生の子どもたちと，宮沢賢治の64作品を学習材に，自己選択作品の「作

品の星座」作成とクライマックス場面の「語り」表現を中心にした単元を実践した。彼らの抱いた「夢」は，岩手県花巻市の宮沢賢治童話村と宮沢賢治記念館を実際に訪れ，そこで賢治を愛する，見知らぬ訪問客に賢治作品を語ること。単元の最終段階を迎えた日曜日，40人みんなで東北新幹線に乗った。

　6年生の子どもたちと，立松和平の「海のいのち」を中心学習材に，詳細な読解をもとに，自分の「いのち」物語を書くという創作単元を組んだ。作者に届け，読んでもらう「夢」を実現するために。さらに，卒業単元として，倉本聰『北の国から』を読むというシナリオ単元を展開する。彼ら6年生の「夢」の形としての学習記録集は，北海道富良野市の「北の国から資料館」（現在は閉館）の2階に展示された。

　教師がドキドキとときめきながら構想した授業は，子どもの心を必ず揺さぶる。そして，生きた言葉の体験として，深くその心に刻まれる。そんな授業を構想すること，子どもと創ること。それこそが，教師の喜びであると言えよう。

4　授業づくりは，学級づくり

（1）「夢」の学級づくりと授業づくり

　教師として生きる，その根底には，いつのときも，「夢」がある。縁があって自分の教室にやってきた子どもたちに託す「夢」である。

　そのクラスでは，誰もが読みたくてたまらない。一編の文章や作品に描かれた言葉を丁寧に検討し，言葉の意味，文章の要旨，作品の主題を自分らしく読み取り，自分の考えや読みの世界を確かにもつことに懸命になる。
　そのクラスでは，誰もが書きたくてたまらない。自分という存在を言葉で書き表すことの喜びがわかり，書くことで自分らしさを確認でき，仲間に伝えられることを知っている。だから，必死に言葉を選び，構成を考え，表現を工夫する。

そのクラスでは，誰もが話したくてたまらない。ある話題について，自分の思いを言葉で表現しようと，誰もが適切な言葉を探すことに必死になる。思いを託せる言葉を持てたら，仲間に伝えようと懸命に挙手する。

　そのクラスでは，誰もが仲間の考えを受け取りたくてたまらない。ある話題について仲間はどう考えるのか，自分の抱く思いと同じなのか違うのか，知りたくて仕方がない。だから仲間の発する言葉に必死に耳を傾ける。

　そのクラスでは，言葉を媒介にして，思いを伝えあうことの重さを誰もが知っている。言葉は，「自分らしさ」を仲間に伝え，仲間の「その人らしさ」を受け取る重要な手段であることを，学級集団全員が「価値」として共有している。

　そのクラスでは，言葉が，静かに生き生きと躍動している。

　ここに綴った教室空間を実現したことは，筆者に一度もない。クラス40人中の３分の２の子どもたちを育てたことはある。けれども，「40人すべて」を自らに課したとき，それは筆者にとって，まさに「夢」である。

　６年間の授業。その一時間一時間のすべては，遠い未来のいつかに向けての発展途上の過程である。しかし，教師に具体的な「夢」のイメージなくして，今日の授業はない。

（２）子どもの成長こそが，教師の喜び

　教え子のある女子児童が卒業を間近に控えた頃，書き残した文章がある。

　彼女の作文には，小学生の葛藤の過程が綴られている。人と関わることへの不安，表現することを躊躇する自分への嫌悪，そしてともに学ぶ仲間への憧れと焦燥。おそらく，教室に座っている多くの子どもたちが，この子と同じような思いを抱きながら，日々を生きているのだろう。

　私はいつも流されてしまう人だった。「本当はあれがよかったのに。」でも，周りが違うからそっちに合わせる。後になって「ああ，言えばよかった

……」と後悔してしまう。自分が言いたいことを言い出せない人だった。授業中もあまり発言しなかった。自分の意見を言える大切な機会なのに，言い出す「勇気」がなかった。

それをいいとは思わなかった。他人に流されてよかった試しがない。だから，はっきりと自分の意見を言える人は，私の目標だった。

でも，やはり人前で話すとなると，緊張して口ごもってしまう。あの人と同じ様にやっているはずなのに，そこには何かつっかえるものがある。「必死に頑張っているのに，あの人と何が違うの？」（中略）

手を挙げないと話したくないことが分かってしまうから，前の人の背中に隠れ気味にして手を挙げた。でも，先生は，それをお見通しなのか，私が心の中で「当てられませんように」と願っているとき，私を指した。

あの頃，私は恥ずかしくて，緊張して，私を見るみんなが怖くて，思い通りの発表はできなかった。

でも，ある時，語りをしていて気づいた。みんなの目が，私を真剣に見てくれていること。ある時，対話をしていて気づいた。私の意見をもとにみんなが意見を言ってくれていること。この時から，私は少しだけ自分に自信を持てるようになった。

今では，何の躊躇もなく，自分の意見を言うことができる。だから，もう他人に流されることなく，自分の道を歩んでいける。私がこうなれたのは，仲間がいたから。

先生が目指した「夢の学級集団」は三十九人ではできない。私はその四十人の一人。小学校生活はもうすぐ終わる。その最後の日，先生にこう聞きたい。

「先生，私たち，『夢の学級集団』になれた？」

言葉で人と関わることを厭う不登校の子どもの数は減らない。メールのたった一言に憤り，感情のままに他者の命を奪う。母親の説教する言葉に「切れ」，親を息絶えるまで殴り続ける。そんな子どもたちの今に，大人は呆然とし，そ

して呟く。

「時代が変わり，社会が変わり，子どもは変わった。学校の教育ではどうしようもない」

それは違うのではないだろうか。本来，子どもは，自らを人として高めていこうとする存在のはずである。そう，子どもをあらためて捉え直すことから，授業づくりを考えよう。子どもたちが今を生き，これからを生きていく力こそが，日々の授業で育むべき力に他ならない。

子どもたちを確かな「人」に育てる，そんな教員の仕事において，最も重要なことは，授業をつくること。子どもたちに学力を獲得させ，「人」として生きる力を育むために，授業づくりについて，しっかりと学び続けよう。

第**6**章	学級経営とインクルーシブ教育
	——通常学級における特別支援教育のあり方と関わって

　通常の学級には，発達障害など支援の必要な児童生徒が多数在籍している。支援ニーズの有無にかかわらず，すべての子どもたちが安心して過ごせる居心地のよい学級をつくるために，特別支援教育の視点を導入することが重要である。秩序のある安心してすごせるクラスは，支援が必要な発達障害のある子どもたちだけでなく，すべての子どもたちにとっても居心地のいい集団であるといえる。学級経営は，【秩序フェーズ】（担任によるルールの確立），【育成フェーズ】（児童生徒の行事や取り組みへの参加），【成長フェーズ】（児童生徒の自主性の育成や自治）という三つのフェーズをたどりながら変化を遂げていく。学級のフェーズを常に意識しながら，支援の必要な子どもをつつむ温かいクラスをどう構築するかについて論考する。

1　秩序のある居心地のよい学級とは

(1) 崩れはじめる学級

　子どもは純真で無邪気であり，無限の可能性を持っている，と信じて教壇に立つと，すぐに心が折れてしまうかもしれない。

　子どもたちの中には，平気でウソをついたり，反抗したり，投げやりな態度をみせる子どももいる。何か指示を出すと「めんどー」「うっとおしい」「やりたくない」といい始める子どももいる。教師の挙げ足を取ったり，試し行動を起こす子どもたちもいて，毎日のようにトラブルやケンカが起こる。

　教壇に立つと，その日からまさに選択の連続である。子どもたちから「そろそろ席替えしようよ」という提案があった時に，席替えするべきかどうか。運

動場で汗だくになって遊んで，遅れて帰ってきた子どもたちに対して，仲良く遊べたことを誉めるべきか，遅れたことを叱るべきか。授業中の手紙のやり取りをみつけた時にすぐに指導するか，それとも休み時間にするべきか。反抗的な子どもに「先生，死ね」といわれたら咄嗟にどう返すか。一瞬の判断である。ここでどう返すかによって，学級が一気に崩壊に向かうかどうかが決まるのである。

　他の子どもたちは「さあて先生はなんと答えるかな」と全身を耳のようにして，先生の言葉をじっと待っている。教師はともすれば，「ここで子どもに負けてしまっては，他の子どもまで教師のいうことを聞かなくなってしまうのではないか，なんとか教師の権威を保たなければ」と考えてしまう。もし，「もう1回いってごらん」といって，その子どもにもう一回「先生，死ね！」といわれたらこちらの負けである。そしてうかうかしていると，あっという間に学級はほころび始める。6月頃には学級崩壊状態になっているクラスがいかに多いことか。

　おそらく崩れた学級には共通点がある。授業中，何人か立ち歩いている。ノートや教科書を平気で忘れてくる。たとえ持参していても授業が始まっても開かない。授業中，私語が絶えず，騒々しい。教室の床には，ゴミが散らかっている。掃除や当番をさぼる。集合時間に遅れたり，ルールが破られる。教師の指示が通らない。教師に暴言を吐いたり，反抗的な態度をみせる。数人は興奮すると大声を出して注目を集めようとする。教室の備品が壊されたりなくなったりする。水面下ではいじめが発生している。

　大学を卒業して担任を持ったら，たとえ新任であろうとベテランであろうと，子どもからは先生と呼ばれる。はじめは上手くいっていた学級もしばらくすると崩れ始める。教室には，発達障害のある子どもや愛着に課題のある子ども，精神医学上の課題のある子ども等，支援の必要な子どもたちがたくさん存在している。学級が崩れると，一番に居場所がなくなるのは，支援の必要な子どもたちである。

　かつて筆者のクラスも崩壊状態になったことがある。大学の教育学部で学ん

だが，その時の対応については教えてもらったことがなかった。大学ではたくさんの学びがあったが，それはあくまでも秩序のある学級で成り立つことであり，秩序のない学級では成り立たないことだった。大学での教職課程では専門的な内容を履修するが，「教育法」や「教材研究」に関わる内容が多い。「教育実習」は楽しかったが，あくまでも担任の教師が秩序のある学級を構築しているからこその研究授業であった。「学級経営」は，大学の教職課程科目の必修科目ではない。しかし，担任を持たされた第一日目から，必要なのは学級経営の能力である。本章では，特別支援教育の視点からの学級経営について述べる。

（2）なぜ学級経営が上手くいかなかったのか

　実際に教師として働くまで，筆者は「熱意とやる気を持ち」「子どもに思いやりと愛情を注ぎ」「やさしく」接すれば，よい教師になれると信じていた。教師をめざす人たちに共通しているのは，子ども好きで人に熱心に関わろうとすることだろう。そしてたぶん筆者も，フレンドリーで子どもに熱心に関わろうとする教師だった。

　しかし現実は違った。あるクラスでは子どもになめられ，指示がまったく通らなくなり，筆者はキーキーと怒鳴るだけの教師になった。クラスは崩壊し，秩序がなくなった。その時，筆者は「やさしさなんて何の意味もない。思いやりの気持ちなんて役に立たない。私は子どもをコントロールできる力がほしい」と落ち込んだ。

　秩序のない崩壊したクラスでは，間違いなくいじめや偏見といった人権の脆弱な環境が存在し，支援の必要な子どもたちは真っ先に居場所がなくなる。彼らは，いじめや仲間はずれの標的になったり，より落ち着きがなくなったりする。例えば聴覚的に困難のある子どもは，騒然としたクラスに身を置くことが耐えられない。秩序のある安心して過ごせる居心地のよいクラスは，支援が必要な発達障害のある子どもだけでなく，すべての子どもたちにとっても居心地のよい集団であるといえる。

　筆者が担任した崩壊したクラスでは秩序が守られず，子どもたちの安全がお

びやかされた。絶えず暴言・暴力・トラブル・けんかが起こるので，職員室に行く時間もなかった。授業中，子どもたちは絶え間なくしゃべり続け，こちらの指示が通らなかった。毎日疲れ果て，筆者自身が不登校になりそうであった。

分析してみると学級崩壊したクラスで上手くいかなかった取り組みは，支援の必要な子ども達の特性に合っていなかったといえる。熱意や，やる気だけでは上手くいかなかったのである。

（3）自分にたりなかった能力とはなにか

長い教師生活の中で，まわりの同僚や先輩たちを見回してみると，どんなクラスを担任しても秩序のある落ち着いたクラスをつくっている教師が存在した。どうしてこんなに子どもたちは落ち着いて学習しているのか，どうして先生の指示が通るのか，不思議でたまらなかった。その尊敬すべき教師達のクラスには，もちろん特別支援学級の子どもや，発達障害，愛着に課題のある子どもたちも在籍していた。その子どもたちを温かく包むクラスをつくり，また支援の必要な子どもたちも「幸せそうに」見えた。筆者と何が違うのだろうか。たまたま落ち着いたクラスを担任している，ラッキーな教師にはみえず，筆者と何か違う力をもっているようにみえた。その尊敬すべき教師たちは，ほとんど大声で怒鳴らず，言葉が少なく，おろおろすることもなく，毅然としていた。一方，筆者といえば，いつも大声で怒鳴り，声を枯らし疲れていた。この違いを探るのが，筆者の研究のテーマの一つである。

（4）インクルーシブ教育とは

学級経営を考える際に忘れてはならないことがある。通常の学級には，発達障害など特別な支援の必要な児童生徒が多数在籍しているという事実である。以前は，障害のある児童生徒は，特別支援学校（養護学校）や特別支援学級（特殊学級）に在籍していると考えられていた。

しかし，新しい教育の流れとして，2007（平成19）年に特別支援教育が法的に位置づけられたのである。2012（平成24）年7月中央教育審議会が，「共生社

会の形成に向けたインクルーシブ教育システムの構築のための特別支援教育の推進」について報告した。

　インクルーシブとは「包み込む」「包括的」という意味であり，インクルーシブ教育とは「障害の有無に関わらず，望めば合理的配慮のもと，地域の通常の学級で学ぶ」ということである。個々が必要とするさまざまな調整を行いつつ，障害のない子どもと障害のある子どもがともに学ぶことであり，「すべての子どものための教育」といえる。そして「一人ひとり丁寧に」と「みんなと一緒に学ぶ」ことの両方を目指している。

　しかし両方の理念は共有されているものの，相反する事象もあり具体的にどのように学級経営を進めていくのかについては明らかにされていない。通常の学級担任は，さまざまなニーズのある子どもの特性に応じた適切な配慮・支援を，40人の学級集団の中でどのように工夫していけばいいのだろうかと悩んでいるのが，現状である。

　このような状況の中，「発達障害等のある子どもだけでなく，どの子にとっても過ごしやすい学級」をどのように構築すればいいのか，その一つの方法として「ユニバーサルデザイン」が提案されている。学級経営に特別支援教育の視点を加え，支援の必要な子どもが学びやすいような環境に改善する，それが結果的にすべての子どもたちに居心地のよい学級になるという考えである。つまり，支援ニーズの有無にかかわらず，すべての子どもたちが安心して過ごせる居心地のいい学級をつくるために，特別支援教育の視点を導入するのである。

2　秩序のある学級を作るための三本柱

（1）自主性を育てるためのクラスの柱

　秩序のある居心地のよいクラスを構築するために，まず最初に担任がするべきことは，クラスの柱を立てることである。

　「子どもの個性を重視し自主性を育てる」というのは，教育の究極の目標で

ある。私たち大人も自主性を育てられてきた（育ててもらった）からこそ，職業を選択し，趣味を楽しみ，得意なことを伸ばして，いまこうして人生を謳歌している。

しかし「子どもの個性や自主性を育てる」という美しい言葉は，危険も孕んでいる。子どもの気持ちを大切にするあまり，子どもの思うがままにルールを決めさせたり，子どもに決まりを丸投げすることは，自主性とはほど遠い。梶田（2013）も「子ども中心とは，子どもがやりたいことをやりたいようにやらせる，ということとは全く違う」と述べている。

個性や自主性を育てるならば，究極には学校を廃止して，好きなことをおのおのが伸ばせばいい。なぜ学校に来て学ぶのか，それは，集団生活の中でルールを学び，自分を磨くためである。義務教育は，判断力の土台となる学力をつけ，集団生活の中で自分の気持ちをコントロールし，集団のルールを学ぶ過程である。その土台が確立しないまま，子どもに丸投げする，または一人前のごとくおだてながら育てるとしたら，その子の人生に責任を持つことはできない。また子どもたちで話し合ってクラスの柱を決めると，強い子どもの意見が幅を利かせる弱肉強食のクラスになる可能性も否定できない。

学級のルールとして，教師が責任を持って柱を立てるのである。そしてその「建物の内装」に当たる部分は子どもたちに任せてもいい。例えば，遠足で「5分前集合」とルール（柱）を確立するのは教師の仕事で，バス内のレクリエーションは，子どもに任せる取り組み（内装）である。

（2）フェーズによる学級経営の変化

学級経営は，次のように変化を遂げていく。
① 【秩序フェーズ】担任によるルール（柱）の確立
② 【育成フェーズ】児童生徒の行事や取り組みへの参加
③ 【成長フェーズ】児童生徒の自主性の育成や自治

主体的に組織されるために，最初にルールが確立するまでは，子どもに丸投げしてはならない。自主性の意味をはき違えて，子どもに権限を渡してしまっ

たり，反対に規律違反を見逃したり，みてみぬ振りをして責任回避をすると，崩壊への道をたどる（向井，2004）。最初に提起した「席替えをするかどうか」の答えは，「要求に従って安易に席替えしない」である。

　学級の秩序が整い安全が確保されると，子どもたちは自然と友だちと親密になり，かえって自由度が増す。反対に秩序のない学級では，いじめが起こり，支援の必要な子どもがターゲットになり居場所がなくなることも少なくない。他の子どもたちも，そんな不安な状態では学級の行事や取り組みに参加しようと思えない。

　筆者が，学級経営の【秩序フェーズ】のために必要だと考える柱は，次の三本である。(i)叱る基準を明確にする，(ii)教室の刺激を減らす・静寂の時間の投入，(iii)誉めながら中間層を味方につける，である。本章では，学校現場で働く初任者をイメージして，紙面の都合で学級経営の【秩序フェーズ】に絞って述べる。

（3）【秩序フェーズ】の三本柱

(i)　叱る基準を明確にする

　「叱る基準を明確にする」とは，クラスのルールを明確にするということである。まず学級開きの時に，守るべきルールを伝え，なぜそのルールが必要であるかを説明する。最初に伝えることによって，教師が子どもの不適切な行動をどのように「注意する」かが明確になり，学級や授業の見通しを示すことにつながる。途中でルールを加えたり変更したりすると，見通しをもつことが苦手な支援の必要な子どもたちは混乱し，教師を信頼できなくなることが多い。例えば「人の嫌がるあだ名をいわない」というルールなら，その指導をぶれることなく続けることが大切である。子どもによってあだ名を寛容に許したり，厳しくしたりするなど基準がぶれると，子どもたち同士の不公平感を生み，信頼関係が構築できなくなる（高山他，2009）。常に子どもたちは，穴が空くほど教師が「公平かどうか」を観察している。公平でない，つまりえこひいきをする教師は，いつの時代も嫌いな教師のナンバー1である。

しかし，叱ることは誉めることより，はるかに難しい。感情のまま叱るとたいてい失敗する。そもそも教師は，子どもの将来を心配して叱っている。「こんなに忘れ物をしていたら，中学校へ進学したら困るだろう」「こんなに整理整頓ができなかったら，就職してから困るはず」と，将来を心配するがゆえに叱るのである。しかし，いくら子どもに愛情を持っていたとしても「忘れ物ばかりでやる気がないなら，勉強しなくてもよろしい！」などというだけでは，子どもは本当に何もせずにそこに座っているだけである。

　特別支援教育は叱らない教育ではない。命に関わることについて叱らずに，教育といえるだろうか。叱ることは必要だが，そこには「叱るコツ」が重要である。それについては，第3節でも触れる。

(ii)-a　教室の刺激を減らす

　かつて学級崩壊を招いたクラスで，失敗したことの一つは，子どもを興奮させてしまっていたことである。

　教師の多くは活気のあるクラス，活気のある授業を夢見ている。ご多分にもれず筆者もそうだった。こちらの問いかけにすぐに反応し，手を叩いて笑い，目を輝かせながら拍手してくれる，そんなクラスを夢見ていたのである。しかし活気のあるクラスと，烏合の衆のガヤガヤとは別物である。

　十数年前から，興奮しやすい子どもたちが増え始めたと感じるようになってきた。それは多動・衝動性を抱えた発達障害のある子どもたちや，強い刺激を求める愛着に課題のある子どもたち（友田，2017）が増えてきた時期と重なる。興奮すると落ち着かず，私語や不規則発言が増え，トラブルが起こり，騒然としたクラスになっていく。そして反対にこの騒然としたクラスが苦手な感覚過敏のある自閉スペクトラム症[*1]や敏感すぎる HSC[*2] のある子どもたちは，教室に身の置き場がなくなる。やがて教室を飛び出すか保健室に避難するようになり，ひいては不登校にもなりかねない。

　では，興奮させないためにはどうすればいいのか。最も重要なことは，「教室の刺激を減らす」ことである。

揺れているカーテンや，隣のクラスの金槌の音等，教室にあふれている刺激
は思っているよりも多い。この刺激とは「視覚的刺激」「聴覚的刺激」のどち
らも含んでいる。ある ASD の成人に聞くと，小学校時代は教室にいるのが苦
痛だったそうである。学習が理解できなかったからではない。理由は教室の不
要な音や匂いである。教室の引き戸のギシギシする音や，体臭が入り混じった
教室の匂いに耐えられなかったらしい。いつも教室を飛び出したいという思い
と戦っていたという。これでは授業に集中できないのも当然である。

「視覚的刺激」を減らす具体的な取り組みとは，学習に不要な文房具は机の
中にしまう，カーテンはまとめる，黒板周りの不要な掲示物ははずす，棚には
カーテンをつける等である。また教師の過剰な身振りや，首からぶら下がる名
札も刺激となる。例えば子どもを指導するときには，名札を背中にまわせば，
それだけで視覚的な刺激が減る。

「聴覚的刺激」とは，子どもが机を叩く音，椅子をガタガタ鳴らす音，私語，
ロッカーをバタンと閉める音等で，すべてが刺激となる。隣のクラスが図工の
授業で金槌をトントンと使い始めると，とたんに子どもたちが落ち着きをなく
すことは少なくない。隣のクラスと時間割を調整すれば，視覚的な刺激も聴覚
的な刺激もかなり減る。また，教師の早口，説明が長く言葉が多いこと，しゃ
べり方のクセ，怒鳴り声等も聴覚的な刺激になる。聴覚的な刺激を減らすため
には「教師の言葉を減らす」「聞き取りやすい声のトーン」「教室の不要な音を
減らす」「私語を減らす」等が大切である（高山他，2009）。なるべく子どもた
ちを授業に集中させるためには，低刺激の教室を心がけることである。

＊1　自閉スペクトラム症（Autism Spectrum Disorder：ASD）：対人関係が苦手・強いこだわり
　　といった神経発達障害の一つで，原因は不明だが生まれつきの脳機能の問題によるものと考え
　　られている。
＊2　HSC（Highly Sensitive Child）：「人一倍敏感な子」と紹介されている概念で，5人に1人の
　　割合で存在するといわれている。他人の気持ちに敏感で，うるさい環境や集団が苦手といった
　　傾向があり，学校生活に馴染めないことも多い。

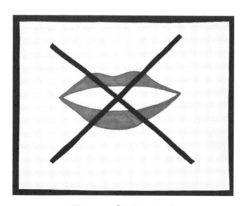

図6-1　「静寂の時間」

子どもたちに口頭で指示するとともに，こうした
カードを示すとわかりやすい。

(ii)-b　静寂の時間の投入

子どもが興奮し騒然となった教室では，ますます私語が増え，教師の話を聞かなくなり，テンションが上がった子どもたちはトラブルを起こす。こういう状態では，授業どころではない。この興奮を見逃すと，どんどんエスカレーションするので，教師は大声で怒鳴らざるを得ない。そこで「静かにしなさい」「うるさい」と怒鳴るとせっかくの楽しい雰囲気は台無しになる。それどころか，聴覚過敏を持つ子どもは教室にいたたまれなくなり，一部の子どもは口うるさい教師に反発を始めるかもしれない。

そこで，怒鳴るのではなく，「静寂の時間」（サイレントモード，ひそひそモード等）でクールダウンして落ち着かせるのである（図6-1）。筆者は，静かに私語なく作業に取り組ませる時間を「静寂の時間」と名付けている（高山他，2009）。例えば「黙って黒板の視写をする」「しゃべらずに教科書からキーワードを五つ選ぶ」「黙って教科書の大切な部分を三つ選んで線を引く」「しゃべらずにわかったことを三つ書く」など，授業の中にはいくらでも静寂の時間を投入できるチャンスがある。この静寂の時間を投入することによって，子どもたちは落ち着きを取り戻し，クールダウンするのである。子どもたちがハイテンションになる前に，早めに対処することが肝要である。

「静寂の時間」の投入には，四つの配慮点がある。一つめは，その時間は教師側もしゃべらず，ジェスチャー，非言語で対応し，不要な音を立てないことである。二つめは，およそ3分以上の時間を必要とすることである。時間が少なすぎると興奮は収まらず落ちつけない。三つめは，「静寂の時間」が終わった時に「はい，終わり！」と教師が大きな声を出さないことである。その声や

音が刺激となり，また興奮してしまうからである。終わりの合図もソフトに告げ，静かな雰囲気で授業を始めるべきである。四つめは，スモールステップで取り組むことである。まずは「30秒，黙って取り組む」→できたらすかさず誉める。「次は1分」「次は2分」……これを繰り返すことによって「静寂の時間」が定着する。

　学級に秩序があるかどうかは，静かに学習できるかが大きなバロメーターとなる。アクティブラーニングに代表されるような「動の時間」と，静寂の時間に代表されるような「静の時間」がはっきりしている授業が，メリハリのある授業と呼べるものではないだろうか。

(iii)　**誉めながら中間層を味方につける**

　三つめの柱は，誉めながら中間層を味方につけ，支援の必要な子どもを巻き込むことである。

　特別支援教育が始まって10年が過ぎ，教師は子どもたちの認知特性に合わせた個別な支援が必要なことを，理解するようになってきた。気になる子に対して，教育的な配慮のもと「大目にみる」ことや「その子の特性に合わせたさじ加減」を実施したいと考える教師も増えてきた。ところが40人学級のクラスでそれを実現するとなると「あの子だけえこひいきしてる」「僕も好き勝手したい」という要求や，時にはワガママとみられる意見が周囲から噴出し，教師は追いつめられていく。これをきっかけにして，学級が崩れ始めるというケースも珍しいことではない。これこそ，通常の学級担任が，まさに頭を抱えている課題である。

　例えば，あの子は宿題の漢字プリントを出しただけで，とても誉められた。あの子は学校に2時間目から来ただけでとても誉められた。私は，漢字プリントも出してるし，遅刻せずに登校しているのに，誉めてもらえない……。このような場面は学校ではよくみられる。子どもたちは「なんであいつだけ！」という不満をもち，それが担任不信につながることも少なくない。特に「葛藤を抱えられない子ども」は，愛着に課題を抱えている子どもに多くみられる。

「あの子はいいなあ」と思っていても，たいていの子どもはその「葛藤」を抱えながら座っている。でも愛着に課題のある子どもは「葛藤」を抱えられず，先生に誉められたクラスメートに対して嫉妬する，たたく，暴言を吐く等の行動に出る。実は，「あの子だけずるい」という子どもこそ，支援の必要な子どもなのである。

　教師の気になる子への「配慮」を，周りの子どもたちが「配慮」ととらえることができるかどうかは，子どもたちが教師を信頼・尊敬しているかどうかに大きく関係している。そして「えこひいき」ではなく「配慮」と受けとめるためには，子どもたちの心の器を広げる必要がある。周りの子どもたちの心の器が広がらない限り，配慮や支援の必要なクラスメートを受けとめることは難しい。いくら教師が支援の必要な子どもの辛さやしんどさを訴えても，彼らの小さな器には入らない。子ども達の小さな器を少しでも大きくするためには，それぞれの子どもを観察して認めて誉めるという「手間ひま」がかかる。子どもたちの小さな変化や成長を認めて誉めながら，周りの子どもたちの器を広げない限り入らないのである。

　それは，ひいてはクラスの大部分を占める中間層の信頼を構築することにつながる。支援の必要な子どもにばかり目を向けるのではなく，周りの子どもたちに目を向けることである。目を向けるとは，その子どもたちを認めて誉めることとともに，興味の湧く楽しい授業を進めることや，反抗的な子どもと同じ土俵に立たないこと，毅然と受けとめることも必要になってくる。教師が支援の必要な子どもにばかり関わっていると，授業はもたつき，中間層の子どもたちは取り残された気持ちになり，真面目に座っていることがバカバカしくなってくる。また反抗的な子どもに振り回されている教師は頼りなくみえ，やがては教師に不満を持ち始める。

　このような状況を招くことを避けるためには，楽しそうに振る舞いながら授業を進め，その授業に，支援の必要な子どもを巻き込んでいく技術が必要になってくる。教師がおろおろして不安げな表情をみせると，子どもたちも同様に不安になり落ち着かなくなる。周りの子どもたちは，教師の楽しそうでかつ余

裕のある表情をみることによって安心し，クラスに居場所をみつけていくのである。

3　子どもから信頼・尊敬される教師になるためには

（1）信頼・尊敬される教師像

　支援の必要な子どもを含むすべての子どもたちが，教師の指示や言葉に耳を傾けるために，必要なことは何か。それはいうまでもなく教師への信頼感である。しかし昨今，教師に対する信頼感や好意を構築するのは，困難を極めるようになってきた。教師の権威が失墜し，尊敬の念や信頼感を築くことが難しくなり，高圧的な威嚇で子どもをコントロールしようとすると反発され，優しく子どもに近付き譲歩すると，見下され乗り越えられてしまう。教師の甘やかしや馴れ合いが進んだ学級は，やがて綻び秩序がなくなり崩壊への道を進む。

　信頼関係を構築することと，好かれようとすることの意味をはき違えてはならない。例えば，宿題を減らす，勉強に関係のない持ち物を持参しても叱らないなど，子どもたちの機嫌を取り，迎合すると，子ども達は一時的には教師になびいてくるかもしれないが，やがて学級は崩壊するだろう。学級には秩序がなくなり，子どもたちは教師を乗り越え，いわゆる「優しくすればつけあがる」状態に陥る。かといって，秩序を保とうとして力で押さえつけたり，なめられてはいけないと威嚇や脅しを続け，厳しく接すればするほど反抗的になる。ではどうしたら信頼関係が構築できるのだろうか。

　その一番の近道は，「叱り方」「誉め方」のコツを身に付けることである。学生たちに「どんな教師が信頼できるか」について，アンケートを取ったことがある。一番多かったのは，「きちんと叱り，誉めてくれる教師」であった。筆者は少しホッとした。子どもたちは誉めることだけでなく，「きちんと叱る」ことも望んでいるのである。教師がきちんと叱らなければ，教室の秩序は守られず，自分の居場所がなくなる怖れがあるからかもしれない。最大のコツは，

三本柱の一つである「叱る基準を明確にする」ことである。叱り方のコツの
キーワードは「しつこくねちねち叱らない」「事実と思い込みを分ける」「短く
毅然と叱る」「叱る基準がぶれない」「叱ったあとスッと引く」「最後の結論は
自分で選択させる」等である（松久・岩佐，2012）。

（2）好意に満ちた語りかけ

　もう一つ，信頼関係の構築に大きな影響を与えているのは，「好意に満ちた
語りかけ」（高山他，2009；松久・岩佐，2012；松久，2014）である。
　子どもが挑発的な態度を取った時，期待を裏切った時，教師の尊厳を貶める
言葉をいい放つ時，教師の言葉は悪意に満ち，子どもを疑い，責めてなじる。
「宿題がみあたらない」「消しゴムをとられた」と訴える子どもに「どうせ忘れ
てきたんだろう」と教師が答えるか，「一緒に探そう」というかで明暗は分か
れる。たった一言の悪意に満ちた言葉は「命とり」になり，信頼関係はいとも
簡単に壊れ，それ以降教師の指示は通らなくなる。0か100か，白か黒か，つ
まり「いい先生」か「悪い先生」かの「二元思考」で考える児童生徒達が増え，
いったん教師に嫌悪感をもつと容易には教師への信頼を回復させない。教師の
言葉が悪意に満ちていると，クラスの子ども達同士にも冷たい人間関係が定着
してくる。
　反対に「好意に満ちた語りかけ」とは，子どもを信じて傾聴し，温かい言葉
をかけることである。教師の言葉に好意が満ちていると，子どもたち同士にも
少しずつ好意が育ち，温かく友だちを助け合う雰囲気が育ってくる。子どもの
言葉に対し咄嗟に好意に満ちた言葉で返せるかどうかは，教師自身の自己コン
トロール力が試されているのである。そのためには，支援ニーズの高い子ども
の特性についての理解や，教師個人を支えるチームとしての温かさも必要にな
ってくるだろう。
　筆者が特別支援教育コーディネーターとして第三者的な立場にいた時，発達
障害のある子どもが憮然としてやってきたことがある。その子どもの担任は，
実に誠実に子どもに向き合う熱心な教師だった。

ところが，授業中，誰かが消しゴムを後ろから自分をめがけて投げてきたと訴えた時に，担任が「気のせいやろ。気にしすぎや」といったらしい。彼は憤慨し担任が教師失格であるといい，「教師をやめるべきです」と筆者に訴えた。筆者は今まで，どれだけその担任が彼のために心を砕いてきたかについて説得したが，まったく耳を貸さなかった。ずっと白だったオセロのコマが，たった一つの黒いコマによって，すべて黒に変わった瞬間だった。この後，彼は担任への信頼感をなくし，ことごとく反抗し続けていた。理不尽な話かもしれない。しかし，彼らの「二元思考」という特性を把握して，たった一言でも「好意に満ちた語りかけ」をすることを怠ってはいけないのである。

支援の必要な子どもたちに教師がどう接しているかを，周りの子どもたちはよく観察している。教師のぞんざいな言葉や冷たい表情で，その子どもが教師に大切に扱われていないことを見抜く。ひいては周りの子どもたちも，その子どもに冷たい言葉を浴びせるようになる。教師は常に「好意に満ちた語りかけ」を心がけるべきである。

教師は一日何回も子どもたちに声をかける。その言葉が好意に満ちているか，悪意に満ちているかで，教室の雰囲気は180度変わる。温かく友だちと助け合う雰囲気のあるクラスが，疎外されがちな支援の必要な子どもたちに大切なのは言うまでもない。

（3）学級経営の三つのフェーズ

前述した三つのフェーズがどのような時期を指すかについて，以下に述べる。
【秩序フェーズ】…4月に担任してから，学級づくりを軌道に乗せるまでの時期。学級経営の土台を作る時期で，教師と児童生徒の信頼関係を構築し，縦の関係を結んでいく時期である。具体的には，「叱る基準を明確にする」「教室の刺激を減らす・静寂の時間の投入」「誉めながら中間層を味方につける」の三本柱である。
【育成フェーズ】…子どもたちに，学級・学校の行事や取り組みに参加させながら，児童生徒同士の横のつながりを強め，少しずつ主導権を児童生徒に委ね

図6-2 「ピカビー」

クラス全体のためによい行いをした子
どもを誉めながら，ビー玉を入れる。可
視化するために，透明の瓶にビー玉をた
めていく。満杯になったらトークンとし
て，子どもたちが大好きな席替えをした
り，お楽しみ会等を実施する。

ていく時期である。

【成長フェーズ】…子どもたちの自主的な力
が発揮され，子どもたちに任せることができ
る時期。子どもの能力を伸ばしていく時期で
ある。

　あえて「フェーズ」としたのは，各フェー
ズが１学期，２学期，３学期と順調に進まな
い可能性があることを想定しているからであ
る。あるクラスは５月までに【秩序フェー
ズ】が構築され，【育成フェーズ】に進むか
もしれないし，あるクラスは２学期に落ち着
きをなくし，【秩序フェーズ】に戻って再構
築が必要になるかもしれない。

　【秩序フェーズ】で安心できる居心地のい
い学級を構築できたなら，学級で取り組めることはぐんと増える。【育成フ
ェーズ】では，行事への参加やアクティブラーニング，トークンシステム[*3]を使
った学級づくり（ピカビー，ピカピカすごろく，記念日遊び等）に積極的に取り組
み（図6-2），子どもたち同士のつながりを深めていくことができる。秩序が
構築されないまま，性急に取り組むと，かえって学級が荒れてしまう。

　あるクラスで，輪になって手をつなぎ，真ん中にいる友だちのいいところを
伝え合うアクティビティを実施した。すると「おまえと手をつなぎたくない」
と一人が暴言を吐き，大きなトラブルが起こりお互いに傷つけ合う結果になっ
た。よいアクティビティであっても，秩序のないクラスでは，かえって逆効果
を招いてしまう。つまり他のクラスで効果のあった【育成フェーズ】の取り組
みを，まだ【秩序フェーズ】である自分のクラスに取り入れてみたら，クラス

＊3　トークン（token）システム：トークンとは「代用貨幣」のことで，トークンシステムとは，
　　良いことの定義を明確にし，それができたらご褒美がもらえることでモチベーションを持続す
　　ることである。

の団結どころか，かえってクラスが荒れてしまうことがあり得る。さまざまな教育書を読んで取り組んでみても，自分のクラスでうまくいかないのは，フェーズが違うことが原因かもしれない。自分の学級の状態を常に把握しておくことが大切であろう。

　そして【成長フェーズ】は，自分たちで行事を企画したり，学校の全体行事への参画（ボランティア活動など），問題解決学習や論理的思考力の育成など，さらなる力を付ける時期である。

（4）失敗や挫折から学ぶ

　筆者は「北風と太陽」の話が大好きである。相手の心を変えるのは力づくではなくて，温かさであるというお話である。新任当時，筆者は温かく思いやりのある教師になりたいと思っていた。しかし実際は「温かく思いやりのある教師」になろうと思えば思うほど，その教師像からはどんどん離れていった。子どもを怒鳴りちらし，力で押さえつけるだけの教師になった。そこには，「温かさ」と「甘やかし」を混同し，「思いやり」と「なれ合い（迎合）」をはき違えている教師の姿があった。その甘さを教えてくれたのは，支援の必要な子どもたちや，家庭に居場所がなく愛着に課題のある虐待された子どもたちだった。この子どもたちが，筆者に何が足りないかを教えてくれた。

　鉄の壁に思い切り鉄のボールを投げると，同じ強さで跳ね返る。もしスポンジの壁ならボールはポトンと落ちる。この壁は教師だと思ってほしい。子どもと同じ土俵に乗らず，ムキにならず，スポンジの壁で温かく受けとめることができる教師を目指してもらいたい。

参考文献

梶田叡一『〈いのち〉の自覚と教育』ERP ブックレット，2013年。

梶田叡一責任編集／日本人間教育学会編『教育フォーラム』第62号「人生や社会をよりよく生きる力の涵養を──新学習指導要領が最終的に目指すもの」金子書房，2019年。

高山恵子編／松久眞実・米田和子『発達障害の子どもとあったかクラスづくり──通常の学級で無理なくできるユニバーサルデザイン』明治図書出版，2009年。

友田明美『子どもの脳を傷つける親たち』NHK 出版新書，2017年。

松久眞実『発達障害の子どもとあったか仲間づくり──いじめ撲滅』明治図書出版，2014年。

松久眞実・岩佐嘉彦『発達障害の子どもを二次障害から守る──あったか絆づくり』明治図書出版，2012年。

向井義「矯正教育における生活指導」日本生活指導学会発表，2004年。

コラム3
アルバイトしかできないあなたへ

　筆者が大学教員になってから10年以上が経ったが，この間に学修者と家庭の困窮が進んでいる。今では，大学の学納金は奨学金とアルバイトでまかなわなければならないという学修者に出会うことは，珍しいことではなくなった。かつては，何の部活動もせずにアルバイトだけやっている人がいれば，自分磨きに弊害をきたすと指摘してきたが，それでは現状に嚙み合わない。アルバイトをしなければならず，アルバイトと大学で1日が終わる学修者は，何をどうすればよいのか。

　まず，自分を錆びさせる価値観の悪影響を受けないことである。アルバイト中にモラルに欠ける悪ふざけ動画を SNS に投稿し，多額の賠償金を請求されるケースがあったように，職場の安易な雰囲気に流されていては，場合によっては後悔してもしきれない過ちを犯してしまう。今の時代は「悪ふざけ」という言葉には敏感になって，自分の身を守る判断が求められる。また，「楽をしてお金を儲ける」価値観に染まった先輩や友人の影響を受けて，法を犯してしまったり，詐欺被害に遭ったりしてしまう学修者も存在する。「悪ふざけ」も「お金」も，場合によっては身を滅ぼすことになる恐ろしさがある。さらに，不規則な深夜のアルバイトは，不規則な生活を生み出し，ずるずると大学を休むこと，単位を多く落とすことにつながり，挙げ句に退学することにもなる。生活や学費のためにアルバイトをしたのに，生活は乱れ，大学は退学するということになっては本末転倒である。

　そうではなくて，アルバイトを自分磨きの道につなげてほしい。アルバイトでは，チームで協働することも多く，お客様という大事な存在がある。チームになって課題に取り組み，どうすることが大事にすべき存在を大事にすることになるのかを考えるなど，自分の価値観を磨く場にも自覚次第

でできる。能動的に人に働きかければ，得るものもある。そして，つねに
アルバイト最優先というのではなく，教員採用試験合格最優先，自分磨き
最優先と，最優先にすべきことを間違えないことである。採用試験情報等
はしっかり手にして，大学の教職センター，キャリアセンターにも自覚的
に相談に行き，本腰を入れて対策準備に入らなければならないときが来れ
ばアルバイトを休む，アルバイトの回数を可能な限り減らす，といった決
断を行ってほしい。

第**7**章　教員が知っておきたい心理学

　本章では，学校・園で教員が子どもを理解する上で重要なことを心理学の観点から解説した。子どもは常に何かを表現している。その表現されたことに教員が気付き，教員が気付いたことを他の教員や保護者と共有できる方法で示し，子どもの成長と発達を保障することが大切である。そのために必要な具体的な方法や過程をここで学んでほしい。本章で学んだことが，インターンシップや教育実習で子どもと関わるときに役立つことを願っている。

1　子どもを理解するために

（1）「気付く」ことの大切さ

　人は，出生後，乳児，幼児，児童，生徒として生きてきた後にみなさんのような学生となる。これまで生きてきた中でさまざまな経験をしてきた。みなさんが生まれてきた環境は人よって異なっているが，その生まれてきた環境は自分自身で選んだものではない。例えば，日本という国に生まれたこと，都市部に生まれたこと，長男や長女として生まれたことなどである。

　また，人は遺伝子をもって生まれてくる。子どもの外見は，その両親の外見とよく似たものとなっているはずである。これは遺伝の影響が強い部分である。しかし人のすべてが遺伝子によって決まるわけではなく，環境の影響も受けながら成長し，発達していくのである。

　これまでに遺伝か環境かという観点から人を理解する試みがなされてきた。「成熟説」は，人の発達にとって遺伝や素質の影響が大きいという考え方である。これは，ゲゼルという研究者の双生児の階段登りの研究から説明されるこ

とが多い。もう一方、「学習説」は人の発達にとって環境や経験の影響が大きいという考え方である。これは、ワトソンという研究者の人間の行動の変化から人を理解していこうという考えであり、この考えに基づき説明されることが多い。

その後、遺伝と環境の二つの総和として人の成長や発達を理解しようとする考え方が提案される。これは、シュテルンという研究者が提唱した「輻輳説」（ふくそうせつ）と呼ばれる考え方である。その後、遺伝と環境の掛け算であるとする「相互作用説」、それぞれの遺伝の特性は一定の環境の下で表現されるというジェンセンという研究者が提唱した「環境閾値説」（かんきょういきちせつ）として考え方が提案されてきた。

環境閾値説では、例えば、身長や話し言葉はどんな環境であっても年齢とともに現れてくるものである。どんな国の人であっても1歳前後から言葉を発し始めるし、大人の平均身長も2メートルを超えることはない。そして、日本のようにほぼすべての子どもが学校に通える環境であれば、文字の読み書きや算数の計算能力はほぼすべての国民に備わっている。しかしながら、学校に通うことが困難な子どもが多い国では文字の読み書きや算数の計算能力をほぼすべての国民が身に付けることは困難であろう。

このようにみなさんの成長や発達は遺伝や環境のさまざまな影響を受けながら進んでいることがわかる。そして、この遺伝や環境は人によって全員異なっており、それが人独自のさまざまな経験を生み出すことにつながっているのである。みなさんが人について当たり前だと思っていることは、みなさん独自の遺伝と環境の下でさまざまな経験に基づいて当然であると考えているにすぎないことであるとわかる。自分自身が当然であると思い込んでいる考え方や見方で子どもを見たときに、目の前にいる子どもを理解することができるだろうか。まずは、目の前にいる子どもについてあなた自身が気付いたことを大切にしよう。

(2) 子どもを理解する意義

子どもを理解するとはどういうことであろうか。保育現場や教育現場では子

どもたちがいる。一人ひとりの子どもたちは同一ではなく，みな異なった部分がある。もちろん先に述べたように遺伝的，生物学的に同一の部分もあるが，個体としての違いというものは当然ある。乳児でもよく夜泣きをする子どももいれば，よく眠ってくれる子どももいる。新しい刺激に対して敏感な子どももいれば，それほど敏感でない子どももいる。このように生後すぐからでも行動面などで個人差があり，これを「気質」と呼んでいる。また，運動面では「原始反射」と呼ばれる生まれつきもっている行動面の反射反応から，姿勢を保つバランス系の運動，体を動かす移動運動，つまんだり，物を操作したりする協調運動が身に付いていくことになる。

　このような育児をするときの子どもの扱い方に関することや運動の能力の発達は目にみえるものである。したがって，目にみえて気付きやすいことである。新しい環境に適応しやすい特性をもつ子どもの方が周囲の人間関係で問題を起こすことが少なく，保護者は安心しやすい。また，子どもが初めて立ち，歩いた時は周囲の大人はとても喜ぶものである。逆に，他の子どもに比べて立ったり，歩いたりするのが遅いと心配するようになる。

　人は幼い時から発達的に個人差があるが，目の前の子どもの行動が発達的に見て問題のない程度なのか，そして，何が問題の背景となっているのかを理解し，対応できることは保育者や教育者にとって必要な資質・能力となる。子どもが発達していく道筋を理解し，目にみえる行動だけではなく，その背景となる部分も推測でき，支援できることが重要なのである。そのためには，子どもを理解するために，人の発達過程に関する知識を身に付け，子どもの個人差を捉える具体的な方法を学び，具体的な支援の方法を学ぶことが今後求められることになる。

（3）子どもを理解するための方法

　子どもを理解するために心理学ではいくつかの方法が提案されてきた。ここでは，保育現場や教育現場で耳にするような，いくつかの方法について解説する。

観察法

　保育現場や教育現場では日々子どもたちと接することになる。子ども同士の会話や遊びの様子，先生と子どもの会話ややりとりの様子，あるいは砂場でスコップを使って一心に遊んでいる子どもの様子なども目にすることになる。日常的な場面で自然な子どもの姿をみることからさまざまなことに気付くことがまずは大切になる。

　「観察法」は人の行動を観察し，その行動の特徴や行動の法則性を明らかにしようとする方法である。観察法は，何を観察するかによって，大きく二つに分類される。第一に，子どもの対象となる行動を自然な状況の中でありのままに観察する「自然観察法」である。保育現場や教育現場ではみなさん自身が子どもと関わる中でさまざまなことを観察することになる。また，保育実習や教育実習中では，子どもの観察記録をつけることになる。目の前の子どもの姿や子どもの会話の内容を事実として記録するとともに，その事実の背景についても推測することは保育者や教育者としての能力を高めることになる。

　しかしながら，あなた自身が日常生活の中でただ子どもの姿をみているだけでは，そこから得られる情報には限界がある。目の前の子どものどのような行動を観察しようとするのか，その行動がどのような場面や状況で変化しているのかなどを場面や行動を限定して観察することでみる側の枠組みが限定され，みたいものをみることができるようになる。これが，第二の「実験的観察法」と呼ばれるものである。

　例えば，保育現場では，自由保育の場面と設定保育の場面での子どもの行動の違い，普段の生活場面と運動会の練習などの集団での活動が求められる場面での子どもの行動の違いなどが考えられる。教育現場では，授業中の様子と休み時間の様子の子どもの行動の違いなどが考えられる。

　子どもの行動に気付き，理解するためにはまずは子どもを観察し，記録することが重要となる。

検査法

「検査法」は人間のさまざまな能力，すなわち，発達の状態，知能，学力，性格・人格などの個人差を可能な限り客観的にかつ正確に測定する方法である。個人差の測定を第一に考えるので，個人間で検査の結果を比較できることが求められる。

　例えば，みなさんが受けてきた高等学校の入学試験や大学の入学試験は，学力検査と呼ばれる。この学力試験にはどのような特徴があったか考えてみる。全員同じ問題であること，問題に取り組み解答できる時間が同じであること，解答は明確に示されることのように，同一の条件で学力検査を受けてきたことが大きな特徴である。そして，検査の結果は点数化され，数値の比較によって学力の個人差が示されてきたのである。高校の入学試験や大学の入学試験では点数化された学力の得点が合格の基準として大きな役割を果たすことが多かった。ただし，マークシート方式で正確な答えを選択できているかを1点刻みで示すことが客観的に正確に個人差を示しているかどうかは難しいところである。

　この点を考えるうえで二つの視点がある。一つは，「妥当性」である。これは測定したいものが測定できているかどうかということである。例えば，計算能力を測定したいときは，計算問題を速く正確に解けるかどうかを確認すればよいので，妥当性は高いといえる。しかしながら，読解力や表現力となるとどうであろうか。どんな問題を作れば，読解力や表現力が高いと確認できるであろうか。このような場合，妥当性は低いといえる。

　もう一つは「信頼性」である。これは測定したいもの正確に測定できているかどうかということである。つまり，誰がいつ測定しても安定した結果が得られるということである。例えば，1ケタ同士の掛け算の計算能力を測定する場合であれば，九九の中から数問抜き出し，問題を作成すると信頼性の高いものとなる。しかしながら，学級の中で発表するときの表現力や実演は，人によって評価が異なり，良いという人もいれば，あまり良くないという人もいるであろう。これは，信頼性が低いといえる。

　検査法の場合，妥当性と信頼性が高い方がもちろんよい。しかし，学力のよ

うな正答数がそのまま得点化でき，得点の高さが学力の高さと考える場合はよいが，性格・人格の場合はどうであろうか。ある子どもの協調性が高いか低いかを測定する問題を作成し，得点化し，得点が高いほど協調性が高いと言えるであろうか。検査法の場合，測定する対象によって妥当性も信頼性も異なってくるのである。

調査法

　質問紙を使用して行う場合が多く，「質問紙調査法」と呼ばれることもある。近年は，インターネット上で回答を求める方法が多くなっている。「調査法」は特定の集団や人間の法則性を広く資料を得て把握する方法である。例えば，文部科学省が毎年実施している「児童生徒の問題行動・不登校等生徒指導上の諸課題に関する調査」や学校レベルでの学級内のいじめ調査などが挙げられる。

　「児童生徒の問題行動・不登校等生徒指導上の諸課題に関する調査」では，例えば，不登校を「年度間に連続又は断続して30日以上欠席した児童生徒数を理由別に調査」「『不登校』とは，何らかの心理的，情緒的，身体的，あるいは社会的要因・背景により，児童生徒が登校しないあるいはしたくともできない状況にある者（ただし，『病気』や『経済的理由』による者を除く。）をいう」として定義して，全国の小・中学校の結果を毎年発表している。不登校の児童生徒数を毎年報告するだけではなく，理由別や対応方法別の資料も発表されている。

　このような官公庁が行う調査は政策に反映されることが多く，年度ごとに比較することで増減や理由の変化がわかるようになっている。一方で，学校レベルでもいじめ調査が行われている。この同じ調査では，都道府県別にいじめ調査の実施率が報告されている。

　調査法の結果は，個人を問題にしたり，個人に当てはめて考えたりすることはなく，集団全体の状態を把握するときに有効である。特に，平均値と標準偏差を求めることが多く，集団全体の様子を代表する値（平均値など）やばらつきの大きさ（標準偏差などであり，人間からとったデータの場合，個人差が大きいか小さいかということになる）から考えるために，平均値と標準偏差を求めること

が多くなる。

2 子どもを理解するための具体的な方法

（1）子ども同士の比較から理解する

　保育現場や教育現場では，子ども同士が遊んでいる場面や子ども同士の互い
の関わり方を目にすることになる。特に，保育現場や教育現場では観察法によ
る子どもの理解が中心となる。例えば，保育現場では，スキップができる子ど
ももいれば，スキップができない子どももいる。すべての子どもがある日にな
るとスキップが同時にできることはありえない。また，練習をすればすぐにス
キップができる子どももいれば，練習してもなかなかスキップができない子ど
ももいる。

　私たちは，保護者も含めて子ども同士の比較からある子どもについて理解し
ようとする傾向がある。保護者の方が先生に「うちの子どもは他の子どもに比
べて……するのが遅い」あるいは「……ができない」と相談することはよくあ
ることである。そして，前述の学力検査のように，テストにより子ども同士の
得点を比較してよくできているかどうかを判断する場合も多い。しかし，子ど
も同士の比較から本当に目の前にいる子どもを理解したといえるのだろうか。

　学力というある一面に関しては，妥当性と信頼性の高いテストの内容から客
観的かつ正確に測定できている場合が考えられ，この場合は測定できている内
容については，比較をする意味もあろう。しかしながら，それはあくまでも測
定できている学力のある一面だけであり，すべての学力が測れているわけでは
ない。子ども同士で比較する意味があるかどうかをよく考えながら子どもを理
解する必要がある。

（2）その子ども自身を理解する

　子どもは，さまざまなことを体験し，体験したことを自分なりに意味付け，

その子どもなりの経験をしている。子どもにとって好ましい体験もあるが，好ましくない体験もあるであろう。また，同じ体験であっても子どもによって意味付けが異なる場合もあるであろう。例えば，走ることが速い子どもにとって運動会の徒競走やリレーはその子ども自身の自己表現の場となり，好ましい体験として意味付けられるであろう。一方で，走ることが遅く，運動が全般的に苦手な子どもにとって運動会は苦痛な体験として意味付けられ，経験されるかもしれない。

　保育現場や学校現場で目の前でみせている姿だけがその子どもの表現されたすべてではない。家庭で保護者にみせている姿や友だち同士で放課後に遊んでいるときの姿など多様である。目の前にいる子どもを理解するためには，その子ども自身の体験してきたことを知ることは重要である。そのため，保育現場や教育現場では保育者や教育者による保護者との連携や保護者への支援は非常に重視されている。子どもの状態によっては医療や福祉の機関との連携も必要となり，さまざまな情報をもとに総合的に子どもを理解することが必要となってきている。

（3）子どもの変化を理解する

　保育現場や教育現場で子どもたちと接していると子どもが成長し，発達していく姿に接することになる。家庭で子どもと保護者だけで毎日過ごしていてもそれなりに何かできるようになっていくし，身体的な成長も当然みられる。しかしながら，人間には，一人ではできないことであっても，他者と関わり，他者から教えてもらうことでできるようになる領域があると考えられている。例えば，小学校6年生で習う分数×小数の計算などは子どもが一人でその計算方法を考え出せるようになることはあまり考えられない。学校教育の中で教師の授業を受け，子ども同士で考えを出し合ったり，教えあったりする中で学習が進み計算ができるようになる。この領域をヴィゴツキーは「発達の最近接領域」と呼んだ。この領域を広げることが保育者や教育者にとって求められることであると考えられている。

身長や体重など目にみえる変化も重要であるが，人と関わりながら，目にみえない内面の部分の変化も重要である。目にみえない変化だけに，「できる」か「できない」かという観点だけではわかりにくい部分である。目にみえる変化だけではなく，目にみえない内面の変化にも目を向けることで子どもの成長・発達を理解することができるのである。

3　人間としての成長のための教育

（1）子どもの実態を把握する

　子どもの実態を把握する方法を「アセスメント（assessment）」と呼んでいる。アセスメントは，「査定」や「評価」と訳されることが多いが，「予想」「判定」という意味もある。そして，特に発達的な観点から子どもの実態を把握する場合は「発達アセスメント」と呼ばれている。発達アセスメントは，「人を理解し，人の行動や発達を予測し，その発達を支援する方法を決定するために行われる測定・評価」と定義されている（本郷，2008）。したがって，この発達アセスメントは子どもの実態を把握し，理解するための手段であると言える。図7-1に発達アセスメントの流れを示した。

　具体的な方法としては，第1節の（3）で述べた方法などがある。目の前にいる子どもの姿を観察し，保育者や先生として気付いたことを他の保育者や先生と共有化する中でその子どもの困り感が明確になる場合がある。自分一人の目で見ていた子どもの行動が，他者からの視点からみると異なる様子として映り，その子どもの行動の意味付けが異なることもある。例えば，担任の先生からみると，他の子どもと同じことをしないで勝手なことをする子どもとして映り，問題のある子どもとして意味付けられていたのが，他の先生の視点からみると，その子どもの問題と考えられている行動は単に先生にかまってもらいたくてしているだけであり，甘えているだけと意味付けられるかもしれない。

　一方で，多くの人の目で日常場面での子どもの姿をみることは重要であるが，

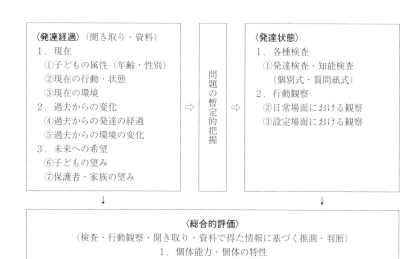

図7-1　発達アセスメントの流れ

出所：本郷，2018から一部修正し，引用。

　見落としていることがあるかもしれない。また，第1節で述べたように子ども
の成長・発達する姿には目にみえない部分も多くある。また，目の前にいる子
どもの行動が子どもの間で同じであっても，その背景となっていることは異な
っているかもしれない。

　例えば，保育者や先生の話を最後まで聞かないで衝動的に行動してしまう子
どもの場合，その背景として，保育者や先生の話が聞こえていないこと，保育
者や先生の話の内容がすべて記憶されていないこと，保育者や先生の話の内容
の意味が理解できていないことなどが考えられる。聞こえていない場合は，聴
力の問題であり，これには音として聞こえているかどうかという聴力検査で測
定できる能力の問題か，それとも，音としては聞こえているが音声として聞こ
えているかどうかという聞こえ方の問題かということが考えられる。

　また，話のすべての内容が記憶されていない場合，保育者や先生がした指示
の内容の最後の部分だけを理解して行動したことが考えられる。例えば，地震

が起こった時の避難訓練では，「放送があったらすぐに机の下にもぐって，揺れがおさまってから，先生の指示に従って，カバンを頭の上にのせて運動場に出ましょう」というような指示が先生から口頭で出される。しかしながら，この文章の内容をすべて記憶できず，最後の「運動場に出ましょう」だけを記憶していたらすぐに運動場に出てしまうことになり，一人だけ勝手に行動している子どもになる。

　最後に，話の内容が理解できていない場合はどう行動していいのかが根本的にわからないことになる。例えば，先の事例で考えると「揺れがおさまる」という言葉の意味が理解できていないと勝手に机の下から出てくる行動をとると考えられる。

　このような場合には，標準化された検査が使用されることが多い。就学前では発達検査が，5歳児ぐらいからは知能検査が使用されることになる，検査と呼ばれるように，非日常的な場面で子どもに課題をさせて，その結果から子どもの発達の状態を捉えたり，能力を捉えたりしようとするものである。聴力検査ではヘッドホンをして，音が聞こえるとボタンを押してくださいと言われたり，視力検査では機械の中を覗き込んで片目ずつ輪の中の空いている部分を回答したりする。聴力検査では人の話し声などではなく，「ピー」という音であり，視力検査では平仮名やカタカナの場合もあるが，一部が切れた輪の場合が多い。非日常的な課題を使用することでその人の経験や練習の成果が影響することを最小限にしているのである。

　ところで，表7-1に示したように，発達検査や知能検査にはさまざまなものが考えられている。発達検査や知能検査の違いは，測定したい領域や能力をどのように想定するかによって異なっている。また，時代や文化の変化に伴って，あるいは測定結果の正確さを高めるために改訂されることが多い。人間の発達の様相や能力を全般的に測定することは非常に困難であり，検査で測定できているのはある側面だけであるともいえる。

　逆にいうと，ある側面については正確に測定できていると考えられ，その測定できている側面については子どもを理解するうえでの一助となるのである。

表7-1　さまざまな発達検査・知能検査の例

発達検査	個別検査	新版K式発達検査
	集団検査	遠城寺式 乳幼児分析的発達診断検査
		津守・稲毛式 乳幼児精神発達診断
		KIDS 乳幼児発達スケール
		日本版デンバー式発達スクリーニング検査
知能検査	個別検査	WISC-IV 知能検査
		田中ビネー知能検査V
		日本版 K-ABC II
	集団検査	新田中B式知能検査
		TK式2B　低学年用田中B式知能検査

出所：筆者作成。

例えば，発達検査や知能検査では記憶に関する課題が含まれていることが多い。先の例で考えると，検査の中の記憶に関する課題の成績が悪い場合には記憶の範囲が狭いために指示内容がすべて記憶できず，運動場に出てしまったことが推測できるということである。

（2）子どもを支援する

　前節の（1）で述べたように，子どもが保育者や先生の指示に従わず，自分勝手な行動をとる場合や他の子どもとうまく関係がとれない場合には保育者や先生は困ることになる。学力面ではその子ども自身への支援が必要となるが，対人関係面での困り感はその子ども自身にとっても周囲の子どもたちにとってもつらいものである。学力が低くても学級に友だちがたくさんいて，毎日，学校へ通うのが楽しいと思って生活している子どももいれば，学力が高くても，学級になじめず友だちがおらず，孤独感を感じながら学校へ通っている子どももいる。もちろん学力が高くて，友だちも多く，日々の学校生活を謳歌している子どももいるが，残念ながらそのような子どもたちばかりではない。

　従来は，読んだり，書いたりすることに困難さがあったり，行動を自分で制御できず，衝動的になったりする子どもたちに対して家庭環境の問題が指摘さ

れていた。しかしながら，発達障害という考え方や特別支援教育が導入された
ことにより，子どもへの支援が本格的になされるようになった。それまでは家
庭のしつけの問題や本人の努力が足りないことなどが原因と考えられ，保育現
場や教育現場では支援が行き届いていなかった。しかし，子どもの実態を把握
したうえでの子どもへの支援が目指されるようになった。

　子どもを支援する場合の考え方として「合理的配慮」というものがある。こ
れは，「障害のある子どもが，他の子どもと平等に『教育を受ける権利』を享
有・行使することを確保するために，学校の設置者及び学校が必要かつ適当な
変更・調整を行うことであり，障害のある子どもに対し，その状況に応じて，
学校教育を受ける場合に個別に必要とされるもの」であり，「学校の設置者及
び学校に対して，体制面，財政面において，均衡を失した又は過度の負担を課
さないもの」と定義される（文部科学省，2012）。

　ここで重要なことは，第一に，子どもに対して「必要かつ適当な変更・調整
を行うこと」であり，子どもが障害を背景として困り感を抱えている場合にそ
の困り感を排除するために変更や調整を行うということである。第二に，「個
別に必要とされるもの」であるとされ，個々の子どもと話し合いながら支援を
進めていかなければならないということである。保育者や先生が勝手に良かれ
と思って一方的に支援を与えるのではなく，子どもや保護者と話し合いながら
合意を得ながら支援を共に進めていくという視点がここにはある。

　例えば，前項（1）の例で考えると検査結果から記憶の範囲が狭いのであれ
ば，全体に指示を与えるのではなく，個別に指示を与えることが考えられる。
また，「放送があったらすぐに机の下にもぐってください」「先生の指示に従っ
てください」「カバンを頭の上にのせてください」「運動場に出ましょう」とい
うように短文にして記憶しやすいように指示を分けることも考えられる。もし
音声よりも文字の方が理解しやすく記憶できるのであれば，紙に書いたものを
渡しておくことも考えられる。複数の支援方法を考え，その子どもにとって困
り感を軽減でき，わかりやすい，実行しやすい支援の方法をともに見つけてい
くことが重要なのである。

（3）子どもの成長を支援する

　子どもは就学前の保育所，認定こども園，幼稚園から集団生活が始まり，その後，小学校，中学校，高等学校，そして，大学や短期大学等の高等教育機関に進学し，就職することで社会に出ていくことになる。このように考えると学校教育は人生の中で20年程度であると言える。しかしながら，この20年程度であっても困り感を抱えながら日々の生活を送っているとどのように感じるであろうか。

　保育者や先生として子どもたちが日々の日常生活を送ってくれることは何事にも代えがたい。そのような子どもたちの成長を支援するために重要なこととして発達的な視点から考えていくことである。特別支援教育では「個別の教育支援計画」の策定が求められている。これは「障害のある幼児児童生徒一人一人のニーズを正確に把握し，教育の視点から適切に対応していくという考え方の下に，福祉，医療，労働等の関係機関との連携を図りつつ，乳幼児期から学校卒業後までの長期的な視点に立って，一貫して的確な教育的支援を行うために，障害のある幼児児童生徒一人一人について作成した支援計画」と定義されている（文部科学省，2018）。ここで重要なことは「一人一人のニーズ」ということであり，子どもにとっての困り感を解消するための必要なことといえるであろう。また，「乳幼児期から学校卒業後までの長期的な視点に立って」とあるように，ある学校段階で支援が終わるのではなく，子どもの成長とともに変化する「一人一人のニーズ」を把握しつつ，次の学校段階へと継続した支援を続けていくことを重視している。

　子どもの成長を支援するためには，今，目の前にいる子どもの困り感だけを支援するだけではなく，子どもの発達していく姿や子どもの将来を想定したうえで支援を考えることが重要である。図7-1に示した発達アセスメントにおいて保護者から収集する情報の内容として現在の子どもの姿，過去からの子どもの変化，そして，子どもの望みや保護者・家族の望みとして将来への希望が挙げられている。

　ここでも子どもの成長を支援していくうえで，前述のように保護者や家族との連携は非常に重要なことと言える。子どもは人的，物的な多様な環境で育つとともに，子ども自身も生まれながらに多様な存在である。そのような子どもと日々生活をともにし，関わりをもちながら，自分自身も子どもにとって人的な環境の一部として影響を与えることが保育者や教育者の仕事であるともいえる。

　今後は，大学で学ぶ中で保育現場や教育現場でさまざまな子どもたちと出会い，関わりをもつことになる。目の前の子どもの示した行動だけをみるのではなく，その背景を考えるときに，大学で学ぶ心理学の知見は役立つものである。大学で学ぶ理論と保育現場や教育現場で子どもと関わる実践との往還からあなた自身も保育者や教育者として成長していくことができるのである。

引用文献

本郷一夫編著『子どもの理解と支援のための発達アセスメント』有斐閣，2008年。

本郷一夫編著『保育の心理学Ⅰ・Ⅱ［第2版］』建帛社，2015年。

本郷一夫「認知発達のアセスメントの考え方」本郷一夫・田爪宏二編著『認知発達とその支援』ミネルヴァ書房，2018年。

文部科学省「共生社会の形成に向けたインクルーシブ教育システム構築のための特別支援教育の推進（報告）」2012年。（https://www.mext.go.jp/b_menu/shingi/chukyo/chukyo3/044/attach/1321669.htm　2020年12月14日閲覧）

文部科学省「平成29年度特別支援教育体制整備状況調査結果について」2018年。（https://www.mext.go.jp/a_menu/shotou/tokubetu/__icsFiles/afieldfile/2018/06/25/1402845_02.pdf　2020年12月14日閲覧）

第**8**章　学びを創造する「チーム学校」

　現在，大きな教育改革が進められている中の一つに「チームとしての学校」（以下，チーム学校）がある。本章では，第一に「チーム学校」という経営概念が生まれてきた背景とねらい，その概観と具体的内容について学ぶ。第二に学校における「チーム」という集団のあり方とそれを構成する教職員，専門家（専門スタッフ），地域や保護者との協働の具体について理解を深める。第三に，チーム学校における外せない視点として，チームとリーダー及びリーダーシップに触れながら，チーム学校における学校組織マネジメントのあり方について考える。

1　「チーム学校」とは何だろう？

（1）チームとして働く

　2019年，日本で一つの言葉が流行した。それは「ONE TEAM（ワンチーム）」である。人びとは社会のさまざまな場で，自分と重ね合わせながらその言葉を口にした。ラグビーワールドカップ2019日本大会において，日本代表チームは予選４連勝で決勝トーナメントに進出した。「ワンチーム」は，さまざまな国籍の31人の選手たちの心を一つにするために掲げられたものであった。ベスト８という素晴らしい結果とあわせて，選手の奮闘する姿が私たちに勇気と感動を与えてくれた記憶が今も鮮やかに残る。

　さて，チームとは何だろう。私たちはさまざまな場面で，集合した多くの人を作業の都合上，グループに分けることがよくある。学校の授業においても最近はアクティブ・ラーニングの影響もあり，よくみられる光景である。しかし，

作業効率的に振り分けられた小集
団としてのグループとチームはそ
の意味合いは異なる。両者は「仲
間や集団」などという共通した意
味もあり混同して使われることも
あるが，組織マネジメントにおい
てのそれは異なる。チームがチー
ムとして成り立つにはチームを構
成するメンバーが共通の目的をも
ち，互いの信頼の下，協働して事
にあたるということが基本となる。

図 8 - 1　文化祭前の放課後の教師
出所：筆者撮影。

チーム学校におけるチームとは学校内外部の多様な専門性をもつ人との協働の
場のことであり，その目的はチームとして子どもたちの教育のいっそうの充実
化を図ることである。

（2）「チーム学校」が求められる背景——その意義と課題

　現代社会は著しい科学技術の進歩と情報化，グローバル化のもと激しく変動
する社会であり，複雑で困難な課題が新たに生じている。そのような状況に囲
まれた子どもたちが，その課題に立ち向かい，豊かでよりよい人生を切り開く
とともに，持続可能な社会の創り手となるためには，学校はこれまで以上に効
果的に教育力・組織力を高めていくことが重要である。その一つの改善方策と
して「チーム学校」がある。学校を取り巻く地域・社会には多様な背景を有す
る専門性をもった人たちが存在する。その人たちに責任ある学校運営への参画
を求め，教職員とチームを組みながら社会総体としての教育を展開していくこ
とが求められている。

　一方で我が国の子どもや家庭，地域の変容も激しい。子どもや家庭が抱える
問題は複雑化，多様化しこれまでの学校組織のあり方では十分に対応しきれな
くなっている。これまで我が国の学校教員は学習指導はじめ幅広い業務を担っ

てきた。その成果は国際的にも高く評価されるところではあるが，それに伴う教員の多忙化が大きな問題となっている。幅広い学校業務は長時間労働につながり教員の健康や生活にまで深刻な問題を生じさせている。組織のオーバーキャパシティである。言葉を換えれば「学校は抱えすぎている」ということである。それらの改善に向けて教員の業務の整理と効率化とともに，外部の専門家を交えた学校運営が求められる。多様な専門家及び専門機関との協働・連携は，それぞれの学校がコアになりながら一つの教育コミュニティを形成していくことをも意味する。各学校は自主性・自律性を保ち，自らの課題をみいだすとともに，その解決のための具体的な方策を打ち出し，よりよい教育成果を挙げていくことが求められる。

（3）学校教育改革とチーム学校

　中央教育審議会（以下「中教審」）は2015（平成27）年12月に以下の３つの答申を提出した。これらは，学習指導要領に示されている新たな教育課題の達成のための教職員の資質・能力の向上の在り方と，学校が地域との連携・協働をどう進めていくべきかを提言したものである。

○「チームとしての学校の在り方と今後の改善方策について（答申）」

　平成27年12月21日中教審第185号　　　　　　　　（以下，答申：チーム学校）

○「これからの学校教育を担う教員の資質能力の向上について〜学び合い，高め合う教員育成コミュニティの構築に向けて〜（答申）」

　平成27年12月21日中教審答申184号　　　　（以下，答申：教員の資質能力の向上）

○「新しい時代の教育や地方創生の実現に向けた学校と地域の連携・協働の在り方と今後の推進方策について（答申）」

　平成27年12月21日中教審答申第186号　　　　（以下，答申：学校と地域の連携協働）

　答申において「チームとしての学校像」は次のように述べられている。
「校長のリーダーシップの下，カリキュラム，日々の教育活動，学校の資源が一体的にマネジメントされ，教職員や学校内の多様な人材が，それぞれの専門

性を生かして能力を発揮し，子供たちに必要な資質・能力を確実に身に付けさせることができる学校」(答申：チーム学校，12ページ)。

　ここには「カリキュラム」「教育活動」「学校の資源」などのキーワードがあるが，重要なのはそれらを「一体的にマネジメントする」ということである。チーム学校を目指すには，これまでの取り組みを大切にしながらもマネジメントモデル（経営概念）の転換を図っていく必要がある。校長のマネジメントのあり方はもちろんだが，教職員一人ひとりの意識改革も求められる。ワンチームとして機能する組織は一朝一夕に構築されるものではない。組織改革とは不断の努力の上に為されていくものである。以下の①～③は学校のマネジメントモデルの転換を図る際の視点として示されている。

① 専門性に基づくチーム体制の構築

教員が学習指導や生徒指導等に取り組むことができるように指導体制の充実を行う。職務内容等を明確化すること等により，質の確保と配置の充実を進める。

② 学校のマネジメント機能の強化

専門性に基づく「チームとしての学校」を機能させるため，校長のリーダーシップ機能を強化し，これまで以上に学校のマネジメント体制を強化する。

③ 教職員一人一人が力を発揮できる環境の整備

教職員がそれぞれの力を発揮し，伸ばしていくことができるようにするため，教育委員会や校長等は人材育成の充実や業務改善等の取組を進める。

（答申：チーム学校，12～13ページより抜粋）

（4）教師が子どもと向かい合えるために

　学校は校長をはじめとしたさまざまな職務を受けもつ教職員と子どもたちによって構成されている「学びの場」である。「学びの場」においては，子どもたちが主体となるのはいうまでもないが，それを指導する教師自身にとっても，

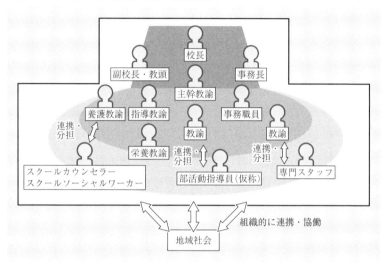

チームとしての学校

☆多様な専門人材が責任を伴って学校に参画し教員はより教育指導や生徒指導に注力
☆学校のマネジメントが組織的に行われる体制
☆チームとしての学校と地域の連携・協働を強化

校長
副校長・教頭　　　　　　　事務長
主幹教諭
養護教諭　指導教諭　　　　事務職員
連携・分担
栄養教諭　　教諭　　　　　教諭
連携・分担　　　連携・分担
スクールカウンセラー　　　　　専門スタッフ
スクールソーシャルワーカー　部活動指導員（仮称）

組織的に連携・協働

地域社会

授　　業	○アクティブ・ラーニングの視点からの不断の授業改善
教員の業務	○専門スタッフ等との協働により，複雑化・多様化する課題に対応しつつ，教員は教育指導により専念
学校組織 運営体制	○カリキュラム・マネジメントを推進 ○多様な専門スタッフが責任を持って学校組織に参画して校務を運営
管理職像	○多様な専門スタッフを含めた学校組織全体を効果的に運営するためのマネジメントが必要
地域との連携	○コミュニティ・スクールの仕組みを活用 ○チームとしての学校と地域の連携体制を整備

図 8 - 2　「チームとしての学校像」（イメージ図）

出所：答申：チーム学校，14ページより抜粋。

図8-3 専門スタッフの割合の国際比較

注1：文部科学省「学校基本調査報告書」（平成25年度）, "Digest of Education Statistics 2012",
"School Workforce in England November 2013"。
　2：日本は小・中学校に関するデータ。日本における専門スタッフとは，養護教諭，養護助教諭，
栄養教諭，事務職員，学校栄養職員，学校図書館事務員，養護職員，学校給食調理従事員，用
務員，警備員等を指す。アメリカにおける専門スタッフとは，ソーシャルワーカー，医療言語
聴覚士，就職支援員等を指す。イギリスにおける専門スタッフとは，司書，メンター，医療及
び看護職員等を指す。
出所：文部科学省チーム学校作業部会関連資料をもとに作成。

学び成長する場でなくてはならない。教師の学びは大学の教職課程と教員免許
取得において修了するのではない。刻々と変化する社会とそれに呼応して変容
していく子どもを観察し，その実態を把握し，個と集団の課題の見出しと科学
的打ち手の追求をしていかなくてはならない。そのためにも，さまざまな形で
の教師の学びの場が保障されなければならない。
　我が国の教員は欧米の教員と比較すると，授業以外の業務を多く抱えている
ことが TALIS（OECD 国際教員指導環境調査）等の調査でも明らかになっている。
授業や担任業務以外にも校務分掌と呼ばれる業務分担において多種多様な仕事
を受けもち，日本の教員の多忙さはその勤務時間の長さに顕著に現れている。
校内の各種部会や，地域連携，PTA，そして部活動指導，あわせて日々の生
徒指導や進路業務，調査・統計，報告書の作成，事務処理等多岐に渡る。これ
らの業務の縮小や整理・効率化とともに時には廃止という決断を下さなくては
ならないこともあるだろう。また，アウトソーシング（外部資源利用）的発想
による外部との連携を効果的に図ることも有効である。我が国の学校教職員に
占める教員以外の専門スタッフの比重が国際的にみて低いことも明らかにされ

ている（図 8 - 3）。関連して，日本の教員の 1 週間当たりの勤務時間は参加国中で最長となっている。授業時間は参加国平均と同程度であるが，課外活動（スポーツ・文化活動）の指導時間や事務業務の時間も長いという結果が出ている。

　チーム学校においては教員の業務に関する環境整備を積極的に行いながら，専門スタッフや地域住民を交えたチームによる業務分担をすすめ，教員が子どもと向き合う時間を十分に確保することもねらいの一つとしている。同時にそれらのマネジメントを校長・教頭の管理職で行うことは困難である。主幹や主任，各チームのリーダーも含めて学校の組織マネジメントの見直しと組織構造の再構築が必要になるとともに，チームを構成するメンバーの意識改革が重要である。

（5）一人ひとりが学校を創っていく

　「教職員一人ひとりが力を発揮できる場所としての学校」という言葉は同時に，学校は一人ひとりが力を発揮しなければ存続しえないという意味でもある。チームの構成員として目的と達成ビジョンを共有し，それぞれが主体的にどのように影響力をもって参画できるのかということが問われる。

　チームのマネジメントは学校総体における組織マネジメントの内において行われるものである。学校経営とは教育計画（P：Plan），実践（D：Do），評価（C：Check），改善行動（A：Action）といった PDCA サイクルを大切にした自律した経営のことである。筆者は，これにさらにもう一つの D（D：Design）を付け足す。それは創意工夫する設計や企画の行為という意味であり，PDCA のすべてに関わるものである。PDCA はそれぞれの現場の状況に即し工夫されたものでなければ形骸化したものになる。学校外の専門スタッフを擁するチーム学校においてはさらに各学校の状況に応じて工夫された改善システムの構築が求められる。また PDCA サイクルは組織のみではなく個人のあり方にも当てはまる。一人ひとりが自身の仕事を含めた生活そのものをみつめる際に大切にしてほしい視点である。

2　学校力を高める「チーム学校」

（1）地域との連携・協働

　我が国の学校は地域・社会とつながりながら営まれてきた歴史がある。ステークホルダーともいうべき学校を取り巻く多様な存在（保護者・家庭，PTA，地域，社会）の特徴や強みを生かしたスクール・コミュニティとしての経営が進められてきた。学校評議会，学校運営協議会制度（コミュニティ・スクール），学校支援地域本部等も同様である。

　学校は時には「地域の灯台」ともいわれる存在であり，生涯学習や地域教育をはじめとした文化的拠点であり，地域コミュニティの核でもある。これまで「社会に開かれた学校」として子どもたちの育成環境の総合的な充実（安心・安全，学習の場の拡大，地域コミュニティの拠点）を目指してきた。しかし一方，我が国の地域・社会の教育力の低下が指摘されている。その背景としてあるのは都市への一極集中，地方の過疎化，家族形態の変容，価値観やライフスタイルの多様化等である。

　本来，子どもの成長に関わるべき家庭や地域の教育力の低下は，それらを補う場として学校の業務を拡大させてきた。これからの子どもたちに求められる資質・能力の育成においては，地域等の外部の人的・物的資源等を活用しながら効果的に行う「社会に開かれた教育課程」と，教科のみでなく横断的視点で一体化される「カリキュラム・マネジメント」が求められている。各学校では第 1 節（5）で示したマネジメントにおける D（D：Design）の視点がいっそう重要になってくる。

（2）チーム学校とカリキュラム・マネジメント

　カリキュラム・マネジメントは校長をはじめとした管理職，教務主任，研究主任などの一部の者が取り組むものではない。年間カリキュラムや授業計画は

教師が子どもたちの観察と実態把握を行い，その上で身に付けたい力を明確にしていくものである。そのうえで指導方法や授業資源（教材や外部を含む人的資源など）を明らかにして計画されるものである。アクティブ・ラーニングの視点からの授業改善等の取り組みは個業的に取り組むのではなく，学校総体として横断して進めていくことが大切である。学校では時には一教師が卓越した職人的な授業法で他の教師に影響を与えることもある。しかし，「学力の3要素」は学校を含めた子どもの生活のあらゆる場面で育むことが大切である。「何を学ぶか」「どのように学ぶか」「何ができるようになるのか」という学びの構造を実現するためには「子ども一人ひとりの発達をどのように支援するか」ということが問われている。学校，家庭，地域・社会が協働することが大切であり，そのためのカリキュラム・マネジメントが求められる。

（3）チーム学校と教員の業務チームとして働く

　教師の本来の業務は言うまでもなく授業である。その内容と質と方法において最も時間を割き取り組まなければならない。しかし我が国の学校と教員の現状は多くの業務を前にして本来的な職務に集中しきれないという現状がある。

　多くの困難な課題を抱えている子どもたちを前にして，生徒指導はじめさまざまな事象の対応に迫られながらも学校は教育成果を出すことに努めてきた。しかし，チーム学校は教員と専門スタッフ，地域人材との協働による単なる業務の切り分けや他者への仕事の投げ出しで軽減を図るものではない。学校教育目標の達成・具現化に向けて，全力で立ち向かう教員が多様な業務の場面で，より教師としての専門性が発揮できるようにするためのものである。

（a）教員が行うことが期待されている本来的な業務
・学習指導，生徒指導，進路指導，学校行事，授業準備，教材研究，学年・学級経営，校務分掌や校内委員会等に係る事務，教務事務（学習評価等）
（b）教員に加え，専門スタッフ，地域人材等が連携・分担することで，より効果を上げることができる業務

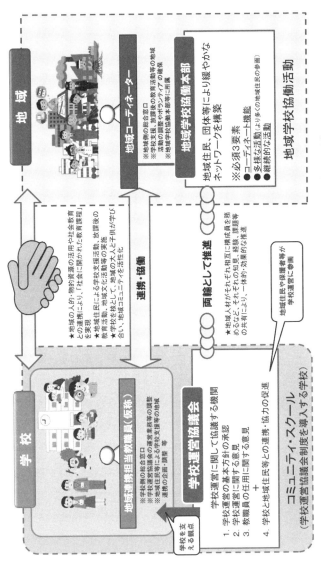

図 8 - 4　学校と地域の効果的な連携・協働と推進体制（イメージ）

出所：答申：「学校と地域の連携・協働」資料。

135

・カウンセリング，部活動指導，外国語指導，教員以外の知見を入れることで学び
が豊かになる教育（キャリア教育，体験活動など），地域との連携推進，保護者対応
（c）教員以外の職員が連携・分担することが効果的な業務
・事務業務，学校図書館業務，ＩＣＴ活用支援業務
（d）多様な経験等を有する地域人材等が担う業務
・指導補助業務 （答申：チーム学校，24ページ）

（4）求められる学校組織と教職員のパラダイムシフト

　これからの時代に必要となる資質・能力の育成においては社会や他者と関わりながら学びを深めていくことが求められている。身近な他者と協働しながら，地域・コミュニティとのつながりや貢献を通じて深めていく学びを推進していくためにはカリキュラム・マネジメントを見据えた組織全体のマネジメントのあり方の見直しも問われる。かつては経営の3資源として「人・モノ・金」といわれたものがさらに「時・情報・道具・方法」が加わり現代社会における組織のあり方がいっそう複雑化してきていることがわかる。学校においても教職員の意識のパラダイムシフト（認識を変える劇的な大きな変化）が求められる。地域・社会と連携・協働するコミュニティとして存在する学校は，社会の流動性を見極めつつ，教育の不易の部分を確固として守り育てていかなければならない。そのためには，一人ひとりが経営の主体者となる意識をもち，自身の教師力（「知識・見識・経験」＋内省力）を子どもの姿を通じた問い直しを継続して行いながら改善行動につなげることが大切である。

3　チーム学校におけるリーダーとリーダーシップ

（1）教師はみな「リーダー」であり「フォロワー」である

　チーム学校の組織には大小のさまざまなチームとそのリーダーが存在し，そ

れぞれがリーダーシップを発揮しながらマネジメントされていく。また，メンバー一人ひとりのセルフマネジメント力（自己管理能力）も大切である。目標設定と達成への行為には他者を理解し自己を律する力が必要である。人はよりよく生きるために自分自身をリードしていかなくてはならない。リード・ザ・セルフ（Lead the Self）はリーダーシップの基礎となるものである。学校組織マネジメント，チームマネジメント，セルフマネジメントにおいて教職員一人ひとりは，学校経営推進のためのフォロワーであり，時にはチームのリーダーともなる。

　教師のリーダーシップについては大きく二つのカテゴリーにおいて論じられてきた。一つは直接的な子どもとの関係においてである。学級担任としての学級経営力や個と集団における生徒指導力等である。もう一つは校務分掌というチームのリーダー（部長，主任，チーフ等）としてのあり方である。リーダーシップ論は多くが一般企業において深められ，学術的にも広く研究されてきたが，「リーダー」の定義については時代や社会的背景，組織の環境や状況において変容し定型としてはとらえにくい。変わらないことはリーダーの存在が組織の方向と存在の是非に大きな影響を与えるということである。意図された影響力の行使をリーダーシップと呼ぶこともある。企業と学校は，その目的と機能において異なるものが多い。しかし，組織機能の改善や発展と目的達成への道筋のあり方については共通するものも多い。例えば，学校に置けるクラスはその編成において学年教師団を中心にさまざまな情報を得ながら緻密に編成される。しかし，各クラスの状況はそれぞれ異なる。担任は教育計画とともにそれぞれの指導力をもって教育目標の達成に努める。求められる教師の「総合的な人間力」とは豊かであることに関しては共通しているがそれぞれの人としての個性は異なる輝きをもっている。担任教師は1年という長い期間において，自身のもてる力，人としての魅力をもって，子どもたちに向かい，寄り添い，支援をしていく。その行為を，一つの影響力の行使といってもよい。また，組織は「生き物」と表現されることがある。生命体が本能的に環境に順応して生き続けようとすることと，組織が存続し続けようとすることは似ている。組織は自

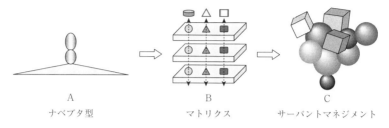

A	B	C
ナベブタ型	マトリクス	サーバントマネジメント

図8-5 さまざまな組織の構造

出所：筆者作成。

らのあるべき姿を考え，よりよく生きる（存在する）すべを探り続けるものである。学校はよりよくありたいと願う個々の教職員が輝きをもって影響し合いながら有機的につながる組織である。学校は生き物ともいえる存在である。

（2）変わるマネジメントモデル

　現代の学校は複雑化・多様化している多くの課題において，多面的・多角的な取り組みが求められている。その取り組みの諸場面において，教師は小チーム（タスクやユニット）のリーダーやフォロワーとなる。これまでの学校の組織構造についてはさまざまな言葉と構造図で表現されてきた（図8-5）。古くは「ナベブタ型」といわれ校長・教頭のツートップを鍋蓋の取手になぞらえ，以下はほぼ同列に近い形でとらえられてきた。また，職位と分掌を階層的なピラミッド構造で当てはめられることもあった。しかし実際には民間企業のような明確で極端なヒエラルキーは学校には適さない。例えば学校における学年を例にとると，そこには教務主任や研究主任，生徒会チーフ等が存在し彼らはそれぞれのリーダーでありつつ学年に所属している。それを学年主任がリードしていくという極めて複雑なマトリクス構造になっている。併せて近年の教員の年齢構成は非常にいびつな形になっている。学級数の少ない学校では，新卒者が数年後に学年主任になるというケースもあり，リーダーのあり方についても問われるところである。

　近年のリーダーシップ研究におけるマネジメントのあり方については大きな

変化がみられる。これまでのリーダー観は，指揮系統を掌握しつつ強いメッセージを込めた指示を出すことに重きが置かれていた。そのことがすべて否定されるのではなく，状況においては有効であったということなのであろう。しかし，現代社会における複雑で多様な課題に対応するためには，組織構造そのものの見直しが迫られる。課題解決のための達成ビジョンと行動目標というチームのロードマップを作成しなければならない。そしてトップリーダー（校長）には各チームがつながるためのガバナンス（統治の形やその過程）が求められる。チーム学校においては教職員と学校外の専門スタッフ，関係機関との連携のすべてにおいて校長が掌握し指示するということは困難である。教育目標と達成に向けたビジョンをそれぞれのチーム（タスクやユニット）が共有するとともに自律しながらつながることが求められる。トップリーダー（校長）はフォロワー（教職員）の信頼のもと，倫理観や道徳観をしっかりともち明確なビジョンを示すことを目指さなければならない。

（3）新しいリーダーの姿とリーダーシップ観

　これからの時代におけるリーダーとリーダーシップのあり方について，近年論じられているリーダーシップ理論からいくつかを取り上げる。
　リーダー像とその影響力の行使の形は，対極的で上下観を持ったリーダーとフォロワーという関係の構造ではない。リーダーは組織とチームのフォロワーの成長や利益を中心にする利他的存在であるとともに誠実で信頼のできる道徳的，倫理的に高い人間性が求められる。また，フォロワーはリーダーを自律的に支援するとともに組織・チームへの主体的貢献を伴うフォロワーシップが求められる。また，明確に権限を与えられたリーダーがいない場合や，リーダーとは名ばかりでその力を発揮していない時にチームやメンバーに前向きに方向性を出したり，勇気付けたりする人がいる。チームの全員がそのような力を発揮できる状態をシェアド・リーダーシップと呼ぶ。学校組織においても，そのように誰もが主体者となりチームに貢献出来る状態を目指すことが望まれる。リーダーシップは特別な能力をもった人に与えられるのではなく，トレーニン

○サーバント・リーダーシップ（Servant Leadership）
　組織と構成員に対して積極的に「奉仕」することで，環境の整備と個々の力を最大限に発揮させることを目的とする。
○オーセンティック・リーダーシップ（Authenthic Leadership）
　誠実で，人との関係性を大切にした信頼のおけるリーダー行動。組織や人生にとって大切なことは何であるかを深く考え，真の意味での成功を追求する。
○シェアド・リーダーシップ（Shared Leadership）
　構成員全員がリーダーシップを発揮すること。誰もがチームのメンバーに影響を与えながらリーダーシップを発揮することができる。

○ロールプレイ，SGE による授業風景

左：学年集団としての課題の見出しと対応策の検討（目的をもつチーム討議）
中：自然発生的リーダーによるファシリテーション（教師集団の意見をまとめる）
右：SGE（構成的グループエンカウンター）によるリレーション（初めての出会い）

図 8-6　リーダーシップ観

出所：筆者作成，撮影。

グによって誰にでも身に付く力である。教職に就くまでにそれらのトレーニングの機会はいくらでもある。大学の授業はじめ，部・サークル活動，学生自治会，ボランティア，地域での活動などさまざまある。コミュニケーション能力や多様な価値観への理解力やチームへの貢献力などは経験の積み重ねによって磨かれていく（図 8-6）。

「チーム学校に向けてのある小学校校長の思い」──サーバント・マネジメントに関して

　A 校長「様々な職種が集まって，一つの学校としてのチームとして取り組むために，まずは，校長として，それぞれの思いや考えをしっかりと聴き，受けとめるところからスタートしたいと思い，取り組んでいる。そして，教職員が，職場を居場所として感じ，悩みがあった時に相談しやすい，『Help』を出

せる職場にしていきたいと考えている。また，『失敗を許せる学校』を目指したい。校長はその最終責任者としての自覚と覚悟をもって，『失敗』から学べる組織の風土を育んでいきたい」（チーム学校アンケート調査（筆者作成）より）。

当たり前のことであるが，A校長の言葉は，学校が教育の前に真摯である人の集まりの場であることを前提としている。教育の普遍性と時代の要請を受け止める公教育の姿に，時には教師の日々の内省に葛藤やジレンマが生じてくる。ショーン（2007，352ページ）は「省察的実践に親和的な機構では，個人が葛藤やジレンマを表に表すことができ，さらにそれを生産的でパブリックな探究の主題に捉えることができるような学習組織（中略）が求められる」とも述べている。教育実践とは学校ビジョンの共有の下，それぞれが全力で取り組み，その活動から生じる悩みや疑問を含めた反省の中，解決への道を求めていくプロセスである。そして，それを受け止めることも含めて組織マネジメントされなければならない。

（4）チーム学校の基本はコミュニケーション

国際教員指導環境調査（TALIS2013）において，「日本の学校には教員が学び合う校内研修，授業研究の伝統的な実践の背景があり，組織内指導者による支援を受けている割合，校長やその他の教員から授業観察に基づくフィードバックを受けている割合が高い」という結果が示されている。また，「教員間の授業見学や自己評価，生徒対象の授業アンケートなど，多様な取組の実施割合が高い」と結果が示された。

これは諸外国に比べてOJT（On-the-Job Training）が比較的充実しているということであるが，先輩教員から若手教員への知識・技能の伝承に課題も多く出始めている。学校におけるOJTは職場内の同僚によって行われる。「同僚」という言葉の意は「職場が同じである人。また，地位・役目が同じである人」である。どの職場にも言えることではあるが，学校における同僚との関係の在り方は教育成果や教職員の学びと成長を大きく左右するものである。しかし近年，教員の大量退職，大量採用の影響等によるいびつな年齢構成や業務の多忙化の

中で同僚性が希薄になっているともいわれている。

　良好な同僚性は協働する仲間とのコミュニケーションから生まれる。コミュニケーションは，情報の伝達や連絡だけではなく，互いの意思の疎通や心の通い合いという意味もある。それは組織の基礎ともなるものである。そして職場における一人ひとりの自己有用観や働きがいにもつながる。

　コミュニケーションを豊かにするためには仲間との信頼関係を構築しようとする姿勢と，一人ひとりのさまざまな力（傾聴力，共感力，リード力，伝達力など）が求められる。

　教師が学び成長する場（機会）は学校外での研修（OFF-JT（Off-the-Job Training））も含めてさまざまあるが，その中心にあるのは職場における同僚との関係において学ぶことである。それは，同じ学校の同僚たちの助言である。学年や教科，分掌において，時には経験豊かな先輩から，また同じ悩みを抱える同輩からも授業や生徒指導，保護者対応など経験に裏打ちされた学びを得ることができる。時には校長や教頭からの指導・助言も教師の成長にとって大切なものである。職場内での先輩をメンターとしながら若年教師は経験値を積み重ね一人前の教師になっていく。

　OJT としての教師の学びは学校機能全体に大きく影響していく。また同僚性において大切なのは，その関係性においては平等であるということである。教職員は子どもたちを前にして互いに認め合い，助け合い，協働してもてる力を発揮しなければならない。互いが平等であるということは大原則である。そして，チーム学校における学校外の専門スタッフとの協働は，それぞれにチームの一員としての自覚と責任を伴った積極的なコミュニケーションが求められることはいうまでもない。

（5）チーム学校における教員のエンパワメント

　さまざまな人との協働は教員自身のキャリア形成にも大きく影響していく。人は人との関係の中で成長し，喜びも生まれてくる。しかし，同時にその関係性において失意や挫折も生じるものである。組織における良好な同僚性やリー

ダーとフォロワーの健全で創造的な関係は，その組織の構成員のキャリア形成
に肯定的な成果を生み出していく。近年，マネジメントにおいて「エンパワメ
ント」という言葉がよく使われる。直訳すると「権限を付与する，権力をゆだ
ねる」という意味になる。この言葉を学校現場において要約すると，教職員一
人ひとりに組織目標達成のための役割とその達成遂行のための権限を与え，そ
れぞれが自己有用・効力感をもって組織に貢献していくことといえるだろう。
エンパワメントを促進する組織とは一人ひとりの尊重と協働して働くという職
場の風土が土台となる。個人の職業的意義や価値観の見出し（仕事のやりがいと
いってもよい），時には課題克服における悩みと達成感などをもち寄りながら教
師，チームはつながり学校を形つくっていく。

（6）生き方を探究する教師となる「省察的実践家」を目指す

　教師の高い専門性とは教育技術についてのみではなく，教師自身が生き方を
探究するプロフェッショナルになることを意味する。他者や社会を通じて自己
を深くみつめる力が大切である。そして他者との協働においては，「自分たち
（チーム）は何を為したか」「為されたことにどんな成果があったか」「その成果
をもって何を為すか」というつながりを持ちながら実践を重ねていきたい。内
省は生き方の修正はもとより新たな課題の発見や達成の喜びを見出すことにも
つながる。そのためにも知識と感性の獲得に貪欲となり，経験を重ねながら，
体幹ともいえる自身の豊かな人間力を成長させていくことが子どもたちへの義
務と責任である。チーム学校の理念の根底にそのようなことがあることを筆者
は願う。
　さて，この章を読み終わった学生のみなさんは，教師の仕事の多様さに改め
て触れなおし，少し肩の荷が重くなった人もいるかもしれないだろう。自身の
教科専門領域とは別に道徳や特別活動，総合的な学習の時間，学級経営，生徒
指導，部活動指導など，あらためていうまでもなく求められる教師の職務の幅
はとても広く，奥行きと深さのあるものである。そしてさらにチーム学校で求
められる異なる専門家との協働作業には，教師自身も教育の専門家としての意

識をしっかりともつということが求められる。そして，その意識こそが教育に対する自身の誇りの源になっていくのだろう。

　異なる専門家との協働から学ぶことは尽きることはない。子どもたちの未来に向けた学びのあり方は多様であり，学校もまた地域や社会の状況，時代の中で生き物のようにその姿を変えていく。だからこそ，教育の本質とは何かを教師が先頭になって考えていかなくてはならない。多くの教育課題の解決には，異なる視点や考え方だけではなく，それぞれのもつ専門的な知識や技術が必要になっていく。真摯に実践と省察を繰り返し，目の前の子どもたちをよりよく支援していく道を探し出す営みを教育というのだろう。そして，充実した経験を重ねることによって教職というキャリアを豊かなものにしてほしい。

参考文献

今津考次郎『教師が育つ条件』岩波書店，2012年。

大内裕和『ブラック化する教育 2014-2018』青土社，2018年。

岡崎勝・赤田圭亮編『わたしたちのホンネで語ろう——教員の働き方改革』日本評論社，2019年。

金井壽宏『働く人のためのキャリア・デザイン』PHP研究所，2002年。

国立教育政策研究所『PISA2015年協同問題解決能力調査——国際結果の概要』2017年。

佐々木信夫『地方は変われるか——ポスト市町村合併』筑摩書房，2004年。

佐藤学『専門家として教師を育てる』岩波書店，2015年。

高木展郎・三浦修一・白井達夫『「チーム学校」を創る』三省堂，2015年。

高木展郎・白井達夫・三浦修一『新学習指導要領がめざす これからの学校・これからの授業』小学館，2017年。

中央教育審議会「チームとしての学校の在り方と今後の改善方策について（答申）」2015年。

中央教育審議会「新しい時代の教育や地方創生の実現に向けた学校と地域の連携・協働の在り方と今後の推進方策について（答申）」2015年。

中央教育審議会「これからの学校教育を担う教員の資質能力の向上に向けて～学び合い，高め合う教員育成コミュニティの構築に向けて～（答申）」2015年。

中原淳監修／舘野泰一・高橋俊之編著『リーダーシップ教育のフロンティア（研究編）』北大路書房，2018年。

中原淳監修／高橋俊之・舘野泰一編著『リーダーシップ教育のフロンティア（実践編）』北大路書房，2018年。

中村瑛仁『〈しんどい学校〉の教員文化——社会的マイノリティの子どもと向き合う教員の仕事・アイデンティティ・キャリア』大阪大学出版会，2019年。

日本教育事務学会　研究推進委員会編「チーム学校の発展方策と地域ユニット化への戦略」学事出版，2018年。

広井良典『人口減少社会のデザイン』東洋経済新報社，2019年。

広田照幸『教育改革のやめ方——考える教師，頼れる行政のための視点』岩波書店，2019年。

松田恵示・大澤克美・加瀬進編『教育支援とチームアプローチ——社会と協働する学校と子ども支援』書肆クラルテ，2016年。

文部科学省「チーム学校関連資料」2014年。

山住勝弘『拡張する学校』東京大学出版会，2017年。

Kegan, R., Lahey, L.L., Immutnity to Change: How to Overcome It and Unlock the Potential in Yourself and Your Organization, Harvard Business Press, 2009（池村千秋訳『なぜ人と組織は変われないのか——ハーバード流自己変革の理論と実践』英治出版，2013年）.

OECD「生徒の学習到達度調査」（PISA2012）。

OECD「生徒の学習到達度調査」（PISA2015）。

Schön, D.A., *The Reflective Practitioner: How Professionals Think in Action*, Basic Books, 1983（柳沢昌一・三輪建二訳『省察的実践とは何か——プロフェッショナルの行為と思考』鳳書房，2007年）.

Senge, P.M., *The fifth discipline: the art & practice of the learning organization*,（枝廣淳子・小田理一郎・中小路佳代訳『学習する組織——システム思考で未来を創造する』英治出版，2011年）.

Senge, P.M., Smith, B., Cambron-McCabe, N., Lucas, T., Dutton, J., Kleiner, A., *Schools that learn: a fifth discipline fieldbook for educators, parents, and everyone who cares about education*, Crown, 2012（リヒテルズ直子訳『学習する学校——子ども・教員・親・地域で未来の学びを創造する』英治出版，2019年）.

コラム4
大学で緩まない

　今，大学生は苦労克服体験，失敗克服体験，追い込まれ体験をすることが困難となっている。大学は遊ぶ時期という日本だけにしか存在しない変わったスタンダード（「日本だけスタンダード」）が存在し，それによって，大学4年間は好きなことが許される4年間と勘違いをして，緩みの4年間を送っている若者がいる。

　かつて「受験戦争」と呼ばれる過酷な大学受験が存在した時代には，「あれだけ節制して勉強ばかりしてきて，やっと念願の大学に入ったのだからゆっくりしなさい」という考えが成立したのかもしれない。しかし，今では少子化の波の中，大学全入の時代となり，入学試験の方法もさまざま変わり，一度も受験らしい受験（受験も立派な苦労体験，追い込まれ体験である）を体験せずに大学生になった人も生まれている。こういう変化があるにもかかわらず，相変わらず昔の「日本だけスタンダード」が存在している。一方，これと呼応するかのように「入れたら入れっぱなしの大学」も存在する。これらの傾向に呑み込まれてはならない。意図的に自らを鍛え，磨こうとしなければ，採用後の教員生活には対応できない。未来の教員は，大学4年間を緩んだ4年間にしてはならないのである。

服務規律，研修，身分保障と
懲戒処分等について考える
——信頼され，成長し続ける教員であるために

公立・私立を問わず，教職にある者は，一人の人間として憲法をはじめ法令
を遵守すべきであることはいうまでもないが，とりわけ公立学校教員について
は教育公務員であり，関係法令や各自治体が定める服務規程によりさまざまな
義務や規範が課されることになる。当然，これらについて十分に理解し，かつ
遂行することが教育公務員としての大前提となる。

本章では，教育公務員の服務規律と研修，さらには身分保障と懲戒処分等に
ついて解説し，子どもからも社会からも信頼され，成長し続ける教員の養成に
資することとする。

1　教育公務員の服務規律

（1）教育公務員とは

教育公務員とは，教育公務員特例法第2条第1項で「地方公務員のうち，学
校（中略）であつて地方公共団体が設置するもの（以下「公立学校」という。）の
学長，校長（中略），教員及び部局長並びに教育委員会の専門的教育職員」と
定義されている。公立学校に勤務する教員は，当該学校の設置者である地方公
共団体の公務員，つまり地方公務員としての身分を有するとともに，教育公務
員として位置付けられることになる。

採用の辞令を受けた時から地方公務員としての教員となるわけだが，この時
点ではまだ「条件付」となっており，教員として1年（養護教諭等については6
か月）の間，良好な成績で勤務を遂行した時に初めて正式採用となる（地方公
務員法第22条，教育公務員特例法第12条）。

また，条件付の期間中には職務の遂行に必要な実践的な研修を行うこととなっている。(教育公務員特例法第23条)[*3]

（2）教育公務員の服務の根本基準

服務とは，教育公務員として守らなければならない義務のことである。

公立学校に勤務する教育公務員は，その前提として地方公務員であることから，地方公務員法の適用を受ける。服務に関して，同法第30条で次のように規定されている。

「すべて職員は，全体の奉仕者として公共の利益のために勤務し，且つ，職務の遂行に当つては，全力を挙げてこれに専念しなければならない」

公立学校の教員になる者は，「全体の奉仕者」，「公共の利益のために勤務する」及び「職務の遂行に全力を挙げる」の三点が地方公務員たる教育公務員の服務の根本基準であることを胸に刻む必要がある。

（3）服務の宣誓

同じく地方公務員法第31条には次の規定がある。

---

* 1　地方公務員法第22条（抜粋）
　　職員の採用は，全て条件付のものとし，当該職員がその職において6月を勤務し，その間その職務を良好な成績で遂行したときに正式採用になるものとする。この場合において，人事委員会等は，（中略）条件付採用の期間を1年に至るまで延長することができる。
* 2　教育公務員特例法第12条第1項
　　公立の小学校，中学校，義務教育学校，高等学校，中等教育学校，特別支援学校，幼稚園及び幼保連携型認定こども園（以下「小学校等」という。）の教諭，助教諭，保育教諭，助保育教諭及び講師（以下「教諭等」という。）に係る地方公務員法第22条に規定する採用については，同条中「6月」とあるのは「1年」として同条の規定を適用する。
* 3　教育公務員特例法第23条第1項（抜粋）
　　公立の小学校等の教諭等の任命権者は，当該教諭等（臨時的に任用された者その他の政令で定める者を除く。）に対して，その採用（中略）の日から1年間の教諭又は保育教諭の職務の遂行に必要な事項に関する実践的な研修（以下「初任者研修」という。）を実施しなければならない。

「職員は，条例の定めるところにより，服務の宣誓をしなければならない」

　服務の宣誓は，地方公務員としての倫理的自覚を促すことを目的とした制度である。この規定を受け，例えば大阪府では「職員等の服務の宣誓に関する条例」第2条に基づき，新たに職員となった者は，宣誓書に署名し，自ら提出することとなっている。

（4）職務上の義務

　服務，つまり教育公務員として守らなければならない義務は，大きく二つに分類できる。そのうちの一つが「職務上の義務」である。職務上の義務とは，職務を遂行するに当たって守るべき義務のことであり，具体的には次のようなものがある。

① 　法令等及び上司の職務命令に従う義務

　法令等に従わなければならないことについては改めて説明する必要もないだろう。ここでいう上司とは，その職員との関係において，これを指揮監督する権限を有する者のことで，公立学校においては学校教育法の規定から一般には校長，副校長，教頭がこれに該当すると考えられる。職務上の上司からの，職務に関する実行可能な職務命令に対しては，これに従わなければならない（地方公務員法第32条)。[*4]

② 　職務に専念する義務

　（2）の項でも述べたとおり，教育公務員たる者は，全力を挙げて職務に専念することが服務の根本基準である。勤務時間及び職務上の力のすべてをその

＊4　地方公務員法第32条
　　職員は，その職務を遂行するに当つて，法令，条例，地方公共団体の規則及び地方公共団体の機関の定める規程に従い，且つ，上司の職務上の命令に忠実に従わなければならない。

＊5　地方公務員法第35条
　　職員は，法律又は条令に特別の定がある場合を除く外，その勤務時間及び職務上の注意力のすべてをその職責遂行のために用い，当該地方公共団体がなすべき責を有する職務にのみ従事しなければならない。

職責の遂行のために用いなければならない（地方公務員法第35条）。[*5]

（5）身分上の義務

　服務には，「職務上の義務」に加えてもう一つ「身分上の義務」がある。身分上の義務とは，公務員である限り当然に守るべき義務のことである。ただし，職務上の義務と異なり，身分上の義務は勤務をしていない時も守らなければならないものである。主なものは次の通りである。

① 信用失墜行為の禁止

　地方公務員（教育公務員を含む）は，その地位の特殊性に基づき，一般の国民以上に厳しい，高度の規範に従うことが求められる。とりわけ教育公務員の場合は，児童生徒の教育に携わるという職務の性質上，特に高い職業倫理が要求されているといえる（地方公務員法第33条）。[*6]

② 守秘義務

　地方公務員（教育公務員を含む）は，職務上知り得た秘密を，退職後においても漏らしてはならないとされている。例えば児童生徒の指導上の必要から作成される指導要録，健康診断の記録，入学者選抜に関する記録，生徒指導上の個人情報等のプライバシーに属する情報については，漏らしてはいけない秘密に該当する（地方公務員法第34条）。[*7]

　しかし一方で，行政はできる限り開かれたものであるべきで，すべての事項が秘密裡に執行されることは避けなければならない。このため，公開されるべき内容か，秘密にされるべき個人情報の内容かを峻別し，慎重かつ的確に対応していく必要がある。

---

* 6　地方公務員法第33条
　　職員は，その職の信用を傷つけ，又は職員の職全体の不名誉となるような行為をしてはならない。
* 7　地方公務員法第34条第1項
　　職員は，職務上知り得た秘密を漏らしてはならない。その職を退いた後も，また，同様とする。

③　政治的行為の制限

（2）の服務の根本基準で述べたように，地方公務員は全体の奉仕者として公共の利益のために勤務すべきこととされており，一定の政治的行為が制限されるとともに，その地位を利用して選挙運動をすることが禁止されている（地方公務員法第36条）[*8]。

ただし，教育公務員は教育公務員特例法の適用を受け，地方公務員でありながら，国家公務員なみの強い制限が課せられることとされている（教育公務員特例法第18条）[*9]。

④　争議行為等の禁止

③と同じ理由で，ストライキその他の争議行為は禁止されている（地方公務員法第37条）[*10]。なお，その代償措置として，

・法律による身分保障

・勤務条件の法定

・人事委員会制度（給与勧告等の権限を有する第三者機関）

という形で，職員の利益保護が図られている。

⑤　営利企業等の従事制限

③と同じ理由で，営利企業の役員になったり，報酬を得て事業を行ったりすることは原則禁止されている。ただし，許可を得た場合には従事することが出来る（地方公務員法第38条[*11]，教育公務員特例法第17条[*12]）。

---

*8　地方公務員法第36条第1項

　　職員は，政党その他の政治的団体の結成に関与し，若しくはこれらの団体の役員となつてはならず，又はこれらの団体の構成員となるように，若しくはならないように勧誘運動をしてはならない。

*9　教育公務員特例法第18条第1項

　　公立学校の教育公務員の政治的行為の制限については，当分の間，地方公務員法第36条の規定にかかわらず，国家公務員の例による。

*10　地方公務員法第37条第1項（抜粋）

　　職員は，地方公共団体の機関が代表する使用者としての住民に対して同盟罷業，怠業その他の争議行為をし，又は地方公共団体の機関の活動能率を低下させる怠業的行為をしてはならない。

2 研 修

（1）研修とは

　教育公務員特例法第21条第1項には次のように規定されている。
「教育公務員は，その職責を遂行するために，絶えず研究と修養に努めなければならない」
　教育公務員が研究と修養に努めるにあたり，現在または将来の職務遂行の助けとなる素養，知識，技能等を習得する場である「研修」は，非常に有効な機会である。この研修について，同法第22条第1項で次のように定められている。
「教育公務員には，研修を受ける機会が与えられなければならない」
　つまり，教育公務員は，研修を通じて職責を遂行するために必要な資質・能力の向上を絶えず図ることが求められているのである。

（2）研修の種類

　教育公務員の研修は，法的性質から次の三つに分類される。
① 　自主的な研修
　教育公務員には，絶えず研究と修養に努めることが求められていることから，勤務時間外に自発的に行う研修のことである。

---

*11　地方公務員法第38条第1項（抜粋）
　　　職員は，任命権者の許可を受けなければ，（中略）営利を目的とする私企業（中略）を営むことを目的とする会社その他の団体の役員その他人事委員会規則（中略）で定める地位を兼ね，若しくは自ら営利企業を営み，又は報酬を得ていかなる事業若しくは事務にも従事してはならない。
*12　教育公務員特例法第17条第1項（抜粋）
　　　教育公務員は，教育に関する他の職を兼ね，又は教育に関する他の事業若しくは事務に従事することが本務の遂行に支障がないと任命権者（中略）において認める場合には，給与を受け，又は受けないで，その職を兼ね，又はその事業若しくは事務に従事することができる。

② 職務命令により参加する研修

　教育委員会や校長からの職務命令により，職務の一環として行う研修である。具体的には，教育公務員特例法で定めのある法定研修（初任者研修や中堅教諭等資質向上研修）等がある。

③ 職務専念義務の免除による研修

　②以外で勤務時間内において研修を行う場合，職務の内容と密接に関連し，職務に有益な場合には，承認を受けたうえで勤務場所を離れて行うことができる。ただしこの場合には，事前に計画を提出し，事後には研修結果の報告をする必要がある。

（3）教員養成・採用・研修を通じた一体的な教員育成

　グローバル化のいっそうの進展や，少子高齢化の進行，所得格差の拡大，教員の年齢・経験年数の不均衡など，社会のさまざまな状況が大きく変化する中で，教員への期待もますます大きくなっている。また，期待と同時に，これからの学校教育を担う教員の資質・能力のいっそうの向上も求められている。

　こうした状況に対応していくため，2016（平成28）年度に教育公務員特例法や教育職員免許法等の法律が一部改正された。特に，教育公務員特例法に関しては，教員の経験に応じて修得すべき資質の指標を定め（第22条の2），毎年度，体系的かつ効果的に研修を実施するための計画を策定することが規定されたのである（第22条の4）。

　ここで重要なことは，教員になってからだけではなく，教員養成段階（つまり大学を卒業するまで）で修得すべき資質・能力が示されていることである。修得すべき資質・能力を「見える化」したものが「教員育成指標」である。

　例えば，桃山学院教育大学の地元自治体である大阪府と堺市が定めた教員育成指標の概要は次の通りである。

① 大阪府の教員育成指標

　大阪府では，教員のキャリアステージを5期に分けて，それぞれ修得すべき資質・能力について5つの大項目と15の小項目で示している。

表9-1 都道府県の教員育成指標の例（大阪府）

大項目（各期共通）	小項目（各期共通）	第0期の到達目標
Ⅰ 教育への情熱と教職員にふさわしい基礎的素養	1 人権尊重の精神	人権意識，人権感覚を身に付けている
	2 危機管理能力	安全に関わる基礎的な知識を身に付けている
	3 学び続ける力	省察力及び理解力を身に付けている
Ⅱ 社会人としての基礎的素養	4 課題解決能力	自分の課題を認識し，課題解決に努めることができる
	5 法令遵守の態度	一般常識を身に付けている
	6 事務能力	提出期限を守ることができる
Ⅲ 学校組織の一員としての行動力や企画力，調整力	7 協働して取り組むことができる力	集団の中で協働的に行動することができる
	8 ネットワークを構築する力	様々な人と関わりを持つことができる
	9 マネジメントする力	集団の中で自分の長所を生かすことができる
Ⅳ 子どもたちを伸ばすことができる授業力，教科の指導力	10 授業を構想する力	学習指導要領を理解している
	11 授業を展開する力	授業に必要な基本的なスキルを身に付けている
	12 授業を評価する力	授業評価とは何かを知る
Ⅴ 子どもの自尊感情を高め，集団づくりなどを指導する力	13 子どもを理解し，一人ひとりを指導する力	子どもの良さを見つけることができる
	14 集団づくりを指導できる力	他の人の個性や人格を尊重できる
	15 子どもを集団づくりの中でエンパワーできる指導力	つくりたい学級等をイメージすることができる

出所：「大阪府教員等研修計画」をもとに筆者作成。

・第0期　教員養成期
・第1期　初任期
・第2期　ミドルリーダー発展期
・第3期　ミドルリーダー深化期
・第4期　キャリアの成熟期

　5つの大項目と15の小項目，及び第0期の到達目標は表9-1の通りである（教諭の場合）。

表9-2 市町村の教員育成指標の例（堺市）

大項目 (各期共通)	小項目（各期共通）		教員養成期の到達目標
I 教員と しての資質	1	人間性, 人権感覚	人権を尊重する態度や意識, 困難に立ち向かう強い意志
	2	使命感・責任感	教員となる自覚, 責任ある行動
	3	コンプライアンス	社会人としての法令遵守
	4	自己研鑽	実践的な学びを通して, 子どもに関わる力を身に付ける
II 実践力 (授業（保育)づくり)	5	年間を見通し指導(保育)計画の立案・実施	学習指導要領の理解
	6	授業（保育）構想	指導案作成の意義や方法の理解
	7	「主体的・対話的で深い学び」の実現	「主体的・対話的で深い学び」の意義や方法の理解
	8	教育資源の活用	ICTや様々な教育資源を活用した授業づくり
	9	授業（保育）分析・改善	観点別評価等の理解
	10	様々な教育課題への対応	教育の動向や時事的な課題への理解
III 実践力 (生徒指導 (子どもへ の関わり))	10	様々な教育課題への対応	教育の動向や時事的な課題への理解
	11	子ども理解	子どもに寄り添う重要性の理解
	12	人間関係づくり	子どもと良好な関係性を構築する力
	13	配慮を要する子どもへの支援・指導	要配慮の子どもへの支援方法の理解
IV チーム の一員とし てのマネジ メント力	14	学級・学年経営	学級担任としての関わり方や学級経営についての理解
	15	問題解決・合意形成	議論を通して合意形成の重要性理解
	16	同僚との協働	他者と協力する大切さの理解
	17	社会性,保護者・地域等との連携・協働	社会人としての自覚と常識を身に付ける

出所：「堺市教員育成指標」をもとに筆者作成。

② 堺市の教員育成指標

堺市では, 教員のキャリアステージを4期に分けている。

・教員養成期（大学等）

・基礎形成期（教員1年目～）

・向上期（教員4年目～）

・充実・発展期（教員11年目～）

大阪府と同様，各期においてそれぞれ修得すべき資質・能力について堺市で
は大項目４つと，計17の小項目を策定している。

　４つの大項目と17の小項目，及び教員養成期の到達目標は表９-２の通りで
ある（教諭の場合）。

（4）大学が果たすべき役割

　教員養成課程を有する大学においては教育公務員特例法改正の趣旨を十分に
受け止め，求められている資質・能力を学生が修得出来るよう，社会の要請に
応えていかなければならない。

　例えば，桃山学院教育大学においては，2020年，「教育課程ガイドブック」
の全面改訂を行った。ポイントとなる点は次の２点である。

表９-３　「桃教スタンダード」

【基盤となる力―Ⅰ】人間力
指標―①　〈我の世界〉を豊かに生きる
例１　自分が大切にしたい価値観を豊かで深いものとしている。 　例２　責任感・使命感を持って行動できる主体性を確立している。
指標―②　自分自身を受容する
例１　自問自答を積み重ね，自分自身のあり方・生き方を探究している。 　例２　心理的安定感を持ち，人間的温かさと協調性を有している。
指標―③　「人格の完成」を求め続ける
例１　困難な場面に直面しても他者に責任転嫁しない強い責任感を有している。 　例２　教師としての「使命感」と「職務遂行能力」を身に付けている。
【基盤となる力―Ⅱ】教師としての資質
指標―①　人権を尊重する
例１　様々な人権課題についての基本的な知識とともに人の心の痛みを受け止める感性を有し， 　　　　人権を大切にする行動に移すことが出来る。 　例２　直面する課題（日本語指導など）に積極的に関わっていく姿勢を有している。
指標―②　学び続ける
例１　学校園での実践や社会的経験を通して多くのことを学び，それを理論と結びつけようとし 　　　　ている。 　例２　教師になるためだけでなく，なってからも教師として成長しようという姿勢を有している。
指標―③　公教育の担い手としての自覚

例 1	憲法，教育基本法，地方公務員法など関係法令の基本的な知識を有し，その精神を理解している。
例 2	社会的常識・規範・マナー等を身に付けている。（挨拶，礼儀，提出期限を守る等）

【基盤となる力─Ⅲ】組織人としての資質

指標─①　他者と協働する

例 1	自分の属する集団の中で，他者と協力して物事を進めていくことができる。
例 2	異なる意見の人とも，議論をして合意形成していくスキルを身に付けている。

指標─②　保護者・地域と連携する

例 1	SC（スクールカウンセラー），SSW（スクールソーシャルワーカー）を含め，学校内外の様々な立場の人と協力して物事を進めていくことができる。
例 2	困難に直面した時，自分一人で抱え込まずに誰かに相談しながら問題解決にあたることができる。

指標─③　学級を経営する

例 1	学級担任の役割や子どもへの関り方について理解している。
例 2	自分が学級担任として学級経営をしている姿を具体的に想像することができる。

【基盤となる力─Ⅳ】授業力

指標─①　授業計画を立てる

例 1	学習指導要領や同解説を読み込み，教科等の目標や内容を理解している。
例 2	学習指導案を適切に作成することができる。

指標─②　「主体的，対話的で深い学び」を実践する

例 1	「主体的，対話的で深い学び」にするための方法論や，基礎となる教育理論を理解している。
例 2	「主体的，対話的で深い学び」にするため，ICT などの教育資源を効果的に活用できる。

指標─③　授業評価をする

例 1	目標に準拠した評価，観点別評価，指導と評価の一体化について理解している。
例 2	授業評価を授業改善に活かす重要性について理解している。

【基盤となる力─Ⅴ】子どもと向き合う力

指標─①　子どもを理解する

例 1	生活背景も含めて子どもを理解する必要性を理解している。
例 2	困難な課題を有する子どもに対して，徹底的に向き合い，決してあきらめない。

指標─②　集団づくりをする

例 1	主体的に子どもに関わり，自らが子どもに心を開くことができる。
例 2	子どもの様々な個性を認め合える集団に育てる力を付けようと努めている。

指標─③　子どもをエンパワーする

例 1	子どもの長所を引き出し，自己肯定感を高めることができる。
例 2	子ども一人ひとりの状況に応じた支援の方法を身に付けようと努めている。

出所：桃山学院教育大学「教育課程ガイドブック」。

① 桃山学院教育大学が育成する「教師力」の明確化

　表9-3は，（3）で示した大阪府及び堺市の教育育成指標を十分に踏まえ，大学独自の教育理念（＝「人間力」の育成）をも加味して，大学として学生に身に付けさせるべき資質・能力を5つの力・15の指標・30の項目例として整理し，明確化したものである（教諭の場合。特別支援学校教諭や養護教諭については専門領域としてさらに3つの指標を設定している）。

　これを「桃教スタンダード」と名づけ，大学における教員養成の指標として活用していく。

② 「桃教スタンダード」と各科目との関係

　「桃教スタンダード」として示した資質・能力は，それぞれどの授業科目で重点的に修得させるかについて整理した（ここでは割愛）。

　「桃教スタンダード」及び「桃教スタンダード」と各科目の関係については，教職員，学生間で共有し，より質の高い教員養成の取り組みを進めていくこととしている。

3　教育公務員の身分保障と懲戒処分等

（1）教育公務員の身分保障

　本章の第1節で述べたように，教育公務員は全体の奉仕者であることから，公正，中立な立場での公務の遂行が求められる。そのためには公務員の身分を保障することが必要であり，法律及び法律に基づく条例で定める場合を除いて不利益な処分を受けることはない。換言すれば，本人の意に反する懲戒処分等を受ける場合には，法律や条例に基づいて執行されるということである。

（2）懲戒処分

　地方公務員法の定めにより，次の三つに該当する場合に懲戒処分が行われる。

① 地方公務員法などの法律や地方公共団体の条例，規則・規程に反した場合

② 職務上の義務に違反したり職務を怠った場合

③ 全体の奉仕者として相応しくない非行のあった場合

懲戒処分とは，これらの理由によりその道義的責任を追及し，公務員としての規律と秩序を維持することを目的として行われる処分である。

懲戒処分には重い順に次の4つの種類がある（地方公務員法第29条）。[*13]

① 免職：職員の職を失わせる処分

② 停職：職員を一定期間職務に従事させない処分（無給）

③ 減給：一定期間，給与を減額して支給する処分

④ 戒告：職員の規律違反を確認し，その将来を戒める処分

懲戒処分を受けた場合には，履歴に記載される他，次のような影響が生じることとなる。

① 給与上の措置

懲戒処分を受けると，退職するまでの給与や期末勤勉手当や退職金，年金に影響し，経済的な損失を受ける。懲戒免職の場合には退職手当は支給されない。

② 教員免許状の失効

禁固刑以上の刑（執行猶予付きを含む）に処せられたり，懲戒免職の処分を受けた場合には，教員免許状は失効する。

（3）最近の懲戒処分案件の実例

公立学校に勤務する教職員の懲戒処分の状況については，各自治体において公表されるようになっている。

ここでは，大阪府内の公立学校教職員（この場合，事務職員も含む）の2018（平成30）年度の懲戒処分の状況を紹介する。

まず71件もの懲戒処分の件数があることに驚かされる（表9-4）。態様別にみてみると，体罰についてはその悪質性，有害性がこれまで周知されてきてい

[*13]　地方公務員法第29条第1項（抜粋）

　　　職員が次の各号の一に該当する場合においては，これに対し懲戒処分として戒告，減給，停職又は免職の処分をすることができる。

るにもかかわらず，依然として処分件数が多いことがわかる（表9-5）。

　また，児童ポルノ禁止法違反や盗撮，痴漢・強制わいせつといった，いわゆる「わいせつ事案」による懲戒処分件数が免職の多くを占めている。これは大阪府だけの問題ではなく，「平成30年度文部科学省　公立学校教職員の人事行政状況調査」においても「わいせつ行為等による懲戒処分件数の増加」が指摘されており，全国的な傾向でもある。非常に胸が痛む厳しい現実が存在しているのである。

（4）分限処分

　分限処分とは，懲戒処分とは別に，職員が一定の事由により，その職責を十分に果たすことが期待できない場合に，公務の能率の維持や公務の適切な運営の確保の観点から行う処分のことである。

　分限処分には次の四つの種類がある。

① 　免職：職員の職を失わせる処分。事由としては，勤務成績不良，心身の故障による職務遂行への支障，適格性の欠如などがある。

② 　降任：上位の職から下位の職に任免する処分。事由は①と同じ。

③ 　休職：職を有したまま一定期間職務に従事させない処分。具体的には病気休職，起訴休職等。

④ 　降給：給料を現在よりも低い額に決定する処分。事由は条例で定める。

4　信頼され，成長し続ける教員であるために

（1）教員不信，学校不信を跳ね返す

　2008（平成20）年1月に教育再生会議最終報告が出された。この中の「教育現場」の項において「閉鎖性，隠蔽主義を排し」「情報を公開し」「『悪平等』を排し」「切磋琢磨を促し」「『責任体制』を確立」といった厳しい表現が多く書き込まれた。このことからも明らかなように，教育現場は教員不信，学校不

表9-4 懲戒処分件数

(処分内容別) (人)

	免職	定職	減給	戒告	計
2018年度（計）	18	7	27	19	71

(校種別) (人)

	高校	支援学校	中学校	小学校	計
2018年度（計）	32	13	14	12	71

注：2018年度の大阪府内の公立学校教職員の懲戒処分件数。ただし，大阪市，堺市，豊能地区（3市2町）を除く。
出所：大阪府教育庁のWebページをもとに筆者作成。

表9-5 様態別にみた懲戒処分 (2018年度)

(人)

	種 別	免職	定職	減給	戒告	計
一般服務関係	児童生徒への体罰			10		10
	卒業式における不起立				3	3
	児童生徒へのセクハラ・不適切な行為・不適切な指導	1		5	4	10
	同僚職員へのハラスメント		1	2		3
	欠勤・職務専念義務違反・不適切な申請			2	4	6
	入試ミス・学校事故・個人情報の流出			1	5	6
	管理職の職務懈怠			3	1	4
公金公物関係（着服，通勤手当不正受給，公物窃取）		2		3	2	7
公務外非行関係	児童ポルノ禁止法違反・児童福祉法違反	3				3
	盗撮	4				4
	痴漢・強制わいせつ	3	1			4
	卒業生へのセクハラ			1		1
	ストーカー規制法違反・つきまとい行為		2			2
	窃盗・事後強盗未遂	3	1			4
	殺人・暴行及び障害	1	1			2
交通事故・交通法規違反		1	1			2
合 計		18	7	27	19	71

注：2018年度の大阪府内の公立学校教職員の懲戒処分件数。ただし，大阪市，堺市，豊能地区（3市2町）を除く。
出所：大阪府教育庁のWebページをもとに筆者作成。

信の荒波にさらされ続けているように思われる。

　さらには，公立小学校における教師間での陰湿な暴力行為が大きく報道されたことも影響して，その傾向はますます強くなってきている。

　教育現場において，教員の多くは，真摯に，かつ献身的に日々子どもたちと向き合っている。そんな中で，ほんの一部の教員の不祥事が教員全体への信頼を貶めていることは残念でならない。今こそ，すべての教員，そしてすべての教員を目指す者は，人間性，専門性，そして社会性に裏打ちされた教員としての誇りと使命感を取り戻すことが強く求められている。

（2）人格の完成を求め続ける

　教員とて完璧な人間ではない。しかし，常に人格の完成を求め続ける人間でありたいものである。そのためには，自問自答を積み重ね，自分自身のあり方・生き方を探求するとともに，自己理解を通して他者を理解する力を身に付ける必要がある。そして何よりも，うまくいかないことがあっても，決して人のせいにせず，自分に厳しく他者に優しい人間であり続けることに正面から向き合わなければならないのである。

　教員を目指す皆さんには，「人間力」の習得に向けて精進され，子どもからも社会からも信頼される教員となられることを願ってやまない。

　教育実習は，大学4年間の学修と積み重ねてきた経験の集大成の場である。そのため，教育実習は教職課程の中でも最も重要な学修の一つとして位置づけられている。

　本章では，教育実習に参加するにあたっての基本的な心構えから教職員の一員として学校現場で子どもと関わる意義について述べていく。さらに，教育実習に参加する一人ひとりが「ひとりの主体的な人間」であるプロの教師として育つために，教育実習にどのように取り組み，人間的成長の糧として学びをどう深めるかについて述べる。

1　なぜ教育実習をおこなうのか

　なぜ「教育実習」をおこなう必要があるのだろうか？　以下は教育実習を終えた学生の感想である。

【教育実習を終えた学生の感想から】
○小学校での実習を終えて
　　教師の児童へのかかわりを間近で見ることができ，4週間すべてが貴重な経験で充実した日々だった。多くの先生方からも話をおうかがいすることができ，自分自身の多くの課題を見つけることができた。特に印象に残っているのが，コミュニケーションの大切さである。教師として，教師と教師，児童と教師，児童と児童の関係性を上手く築くことが大切である。そのためには，自らが発信していける知識や技能を培っていくことが重要であり，教師として常に学び続けることを意識する必要性を強く感じた。自分にはまだまだ足りていない部分が多く，今後さらに努力していきたい。

○中学校での実習を終えて

　授業でどのように話そうか，生徒から質問が出たときに自分の知識で答えられるのかなど，始まるまでにたくさんの不安があった。しかし，実習を通して，不安がある分だけ自分が勉強や準備をし，何よりも前向きに挑戦していくことの大切さを学んだ。指導案を毎晩書き直すなどたいへんだったけれど，妥協せず納得するまでやりきったことを忘れない。また，人前にたって授業をすることで，自分の中で今までなかった自信も生まれた。自分が真剣に一生懸命挑戦していくことは，絶対に頑張っていない時よりも環境は変わると学べた。これからの人生でも色々な壁にぶつかるとは思うが，この実習での経験を活かして，決して逃げずに前向きに物事を考えること，挑戦していくことを忘れず頑張りたい。

　教育実習は，法令に定められた教員免許状取得の必須条件である。しかし，単に免許取得のためだけに行くのではない。前述の感想にもあるように，教育実習を終えた先輩方は，一回りも二回りも大きく成長して大学に戻ってくる。それは，教育実習を通して，現職の教職員のもとで学校教育の現実を体験的・総合的に理解し，教育実践の基礎的な能力と態度を身につけることができたからである。さらに，子どもとの関わりを通して，教育者としての愛情と使命感を深め，将来教員になるうえでの自身の能力や適性をあらためて考えるとともに，課題を自覚することができたからでもある。

　教育実習は，実際の学校現場で現職の先生方や児童生徒と関わることで，自分をみつめ，教師としての職務の自覚と実践的指導力を身に付けるために行うものである。以上から，教育実習の目的を以下のようにまとめることができる。

「自分を見つめ，教師としての職務の自覚と実践的指導力を身につける」
・教育活動全般にわたっての認識を深め，自分自身を知る。
・常に謙虚さと目的意識をもって教育活動にあたり，実体験を通して教師としての専門的知識・技能や態度を習得する。
・困難から決して逃げず，子ども理解を基にした学習指導および生徒指導の基礎・基本を身につける。

2　教育実習に参加するにあたって

（1）基本的な心構え

　教育実習中は，大学を離れて実習校で学ぶことになる。初めて体験すること
が多く，上手くいかないこともあるが，積極的に挑戦することが大切である。
同時に，実習校の教職員の方々には，さまざまな形で少なからぬ負担をかけて
いることも忘れてはいけない。学校現場は，教職を目指す後輩を育てようとい
う気持ちで受け入れてくださっている。時には厳しい指導もあるが，謙虚にそ
の評価を受け止めてこそ自分自身が成長していくことができる。

　また，実習生は現職の教職員から指導を受ける立場であると同時に，児童生
徒にとっては「教師」という立場に立つことになる。決して，学生の立場では
ない。教師としてふさわしい服装，髪型，身だしなみ，言葉遣い，行動に努め
ることは当然である。さらに，守秘義務，説明責任，法令遵守といった責任も
伴う。また，教育実習生であっても実習期間中は，「チーム学校」の一員でも
ある。学校の取り組みを他人事のように批評するのではなく，当事者意識をも
って，自ら主体的に活動しなくてはならない。

　積極性と謙虚な姿勢，そして感謝の気持ちを持っていれば，学校で行われて
いるすべての営みやすべての方々から多くを学ぶことができる。言い換えれば，
教育実習での学びは自らの姿勢次第であるといえる。このことを十分に踏まえ
たうえで，限られた時間の中で毎日しっかりと先生方や児童生徒一人ひとりと
関わり，新しい自分を見出す充実した教育実習となることを期待する。

（2）目的意識をもって参加しているか

　教育実習で最も大切なことは，参加したかどうかではなく，実際に体験した
際の失敗や困難，疑問や苦悩について，実習先の先生方や仲間等との対話を通
して自己を振り返り，思考することである。つまり，何を得るために実習に参

加しているかという目的意識をもつことが重要である。周りが行くからという理由で何となく実習を始めてしまったり，誰にも相談することなく一人で解決しようと抱え込んだりするとつらくなって続かない可能性がある。

　教師の人間としてのあり方が，子どもたちに大きな影響を与える。「教育実習で自分はどう変わったか？」という質問を常に頭の片隅に置いて参加することが大切である。さらに，教育実習を通して，自分は「どのような教師になるのか」「どのような人間になるのか」と常に自問自答しながら毎日の目標を設定し，「人間力」あふれた「教師力」を身に付けていくことが大切である。そこで得た資質・能力は，人間関係も含めて，すべてがその後の人生の大きな財産となり，助けにもなる。

（3）4年間の学びの集大成として

　プロの教師として育つためには，単に大学での教育課程に定められた科目を履修するだけでなく，学校園での教職員の姿，子どもの様子から学ぶ「経験」に裏打ちされた学修が不可欠である。これまで教育現場で対応できる実践力を身につけるために，大学入学後，図10-1のような介護等体験やインターンシップ，学校ボランティア等のさまざまな学校園に直接関わる多くの体験を積み重ねてきた。これらの体験は「我々の世界」を生きる力だけでなく，「我の世界」を生きる力を高める重要なステップ（柱）として位置付けられる。

　教育実習は，大学での学びと実習先での学びの往還による実践的な学びの場である。これまでの体験をもとに，教育実習での日々の体験を自己内対話や学生同士，教員との対話を重ね，自己理解をもとにした他者理解を深め，省察し，言語化し，「経験」へと昇華していくことが大切である。単なる体験で終わらせず，子どもや先輩教員の姿を通して，自分をみつめ，自身の課題克服に向け，4年間の学修と経験を生かした「学び」として主体的に取り組むことが不可欠である。

入学	1年次		2年次		3年次		4年次		社会人
	【意欲】学校を知り教師を知る		【体験】子どもから学び自らの課題を知る		【本気】あきらめない心と実践力を身につける		【本番】子ども理解に基づく指導力・自己表現力		
	前期	後期	前期	後期	前期	後期	前期	後期	
	◆学校見学実習（人間教育基礎演習1）	◆社会人・教職の意義（人間教育基礎演習2）	◆インターンシップA　◆介護等体験	◇学校インターンシップB	◇学校ボランティア　インターンシップC	教育実習　◇学校ボランティア	◎教員採用選考試験　◇学校ボランティア　インターンシップD	◇学校ボランティア	

図10-1　大学教職課程における学校園での体験等の位置づけ例

出所：筆者作成。

3　「チーム教員」の一員として

（1）教員としての自覚と誇りを

　教師は，単なる知識の伝達者ではなく，児童生徒の人間形成全般に大きく関わり，その生涯に多大な影響を与える。また，教育の目的は「人格の完成」である。教職に就くということは，「人づくり」の専門家になるということであり，児童生徒の未来を創る仕事に就くということである。学校現場に入る教育実習生は，実習先で出会う子どもたちにとってはかけがえのない先生の一人であり，その後の人生に大きな影響を与えることとなる。同時に，保護者や社会から寄せられる期待の大きさと使命の重さを現職の教職員と同じ立場で厳しく受け止めなければならない。

　「自分は大丈夫」と思ったり，周りのせいにしたりすることはできない。また，「これぐらいならいいだろう」と甘く考えたり無意識に行動したりしたことも許されない。教育実習では，学生気分のまま中途半端な気持ちで受け身的

に学ぶのではなく，常に教員としての視点に立って主体的に行動することが求められる。

　教育実習は，将来ともに子どもを育む同僚を育てようという思いをもって受け入れている学校園や各教育委員会，企業や施設等の深い理解と協力の下で実施できるものである。学校現場で長期に継続して子どもと関わる教育実習は，得られるものが大きい半面，実習生一人ひとりにかかる期待や責任も大きくなる。教員としての自覚と誇りをもって，服務を厳守のうえ常に自分自身の行動を振り返り，謙虚に，そして積極的な態度で真剣に臨まなければならない。

（2）教員の服務と守るべきマナー

　第9章に詳しく述べられているとおり，教職員には多くの服務義務が課せられている。特に，「信用失墜行為の禁止」など，勤務時間外においても守らなければならないことも多くある。教育実習生も子どもたちを教え，育てる立場にあることから，これらの服務義務を理解し，社会規範やルール，および教職員としてのマナーを守ることが不可欠である。教育実習は，これらの服務義務について当然理解したうえで参加することとなる。再度，各自で一つひとつの服務の意義について確認するだけでなく，日頃から教職を目指す者として，その職責の重さを自覚し，自らの行動を律するとともに，人権教育を推進する教員として，常に自らの人権感覚を磨き続け，人権尊重の視点に立った言動が不可欠である。

　これら教員の服務と守るべきマナーをしっかりと理解したうえで，「教員になる」という強い意志と情熱，さらにチーム教員の一員としての自覚を常に持って真剣に臨むことが教育実習生の基本的な姿勢であり，社会人としてのマナーとともに教職を歩む第一歩である。

【教育実習に臨む基本的な姿勢】
　①　学生気分や受け身ではなく，社会人（教員）になるという強い意志と情熱をもって主体的に実習に臨む。

② 「礼儀」「所作」「服装」「言動」「持ち物」に注意し，「社会人」としての意識を強く持ち，職場で働くチームの一人として誰からも信頼されるにふさわしい言動で参加する。

③ 実習校の教職員や子どもから，真摯な態度で謙虚に，誠実に学ぶ。

④ 現場から学び，他者理解を深めるよう，すべての業務や人々に積極的にかかわる。

⑤ 服務を厳守する。特に，「守秘義務」「信用失墜行為の禁止」の違反，及び，無断での「遅刻」「欠勤」「早退」「辞退」などは一切認められない。

【教育実習で実践すべき社会人マナー】

■挨拶はすべての基本，しっかりと！

学校には，子ども，学校職員，保護者・地域住民，学校運営に関わる業者の方など多くの人がいます。実習生同士はもちろんのこと，学校で出会う人には明るい笑顔であいさつしましょう。

■時間厳守！

学習指導案，各種計画等，提出の期限を守りましょう。出勤簿の押印も毎日確実に！　また，集合時刻に遅れることも厳禁です。予定表を作成したりメモを取ったりするなどして，約束の時刻に遅れないようにしましょう。学校現場は，とても忙しいところです。学校や，指導担当の教員に迷惑を掛けてはいけません。また，時間を守ることは社会人として，最も大切なことでもあります。

■言葉遣いは正しく，口調は穏やかに！

授業はもちろん，子ども，学校の先生方，他の実習生との日常の会話においても正しい言葉遣いで穏やかな口調で話しましょう。特に子どもとの会話では，呼び捨てや，愛称等で呼ばないようにしましょう。「〜さん」と呼ぶのが一般的です。

また，声を荒げたり，必要以上に大きな声を出したりすることもしてはいけないことです。教員の言葉遣いや話し口調は，学級の雰囲気，授業の雰囲気に大きな影響を与えます。友達言葉や流行語の使い方にも気を付けましょう。

■身の回りの整理整頓！

身の回りの持ち物や，実習生控室等の整理整頓に努めましょう。特に実習生が使う控室は，清掃当番や，ごみ捨て当番など必要な係分担をして，その環境整備に努めましょう。

> 子どもたちの実習生への興味関心は，大変高いです。子どもたちは，皆さんの様子や控室の様子を必ず見ています。

4　教育実習の一日

（1）教員の主な仕事

　図10 - 2は，教員の一日の主な流れを時系列で例示したものである[*1]。

　教員の仕事は，この図に示した教室での授業以外にもさまざまな仕事がある。これら以外に，子どもの学習を支えるための教材研究やノート点検，テスト等の作成・採点などが必要である。また，子ども一人ひとりが安心して自己実現ができる学習環境を整えるために，学級経営や生徒指導，進路指導・キャリア教育，学校行事の計画・実施などの多様な業務も並行して行わなければならない。このような業務の中，少しの時間でも多く子どもと直接触れ合い，関わる中で児童生徒一人ひとりの理解を深め，居場所を確保し，個性を伸ばしていくことが最も大切である。

　「教師」は勤務時間内で収まり切れないほどのたいへんな仕事である。しかし，やっただけの成果や効果が，子どもの笑顔や変容として返ってくるやりがいのある仕事でもある。教育実習生も指導教員のもと，教員の仕事の中心となる「教科等の指導」を主な業務としつつ，朝の会やホームルーム，さらに学級通信の作成や部活動，問題行動への対応など「学級経営」や「生徒指導」に携わることとなる。

　教師の仕事に正解はない。常に指導担当の先生に相談，報告し，連絡を密にしながらノウハウだけでなく，「なぜ」そうするのかを自分から質問しながら学びを深めていくことが大切である。

＊1　文部科学省初等中等教育局教職員課『教員をめざそう！』1998年，5ページ。

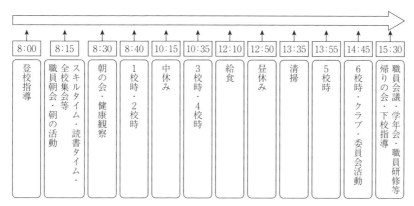

図10-2　教員の一日（例）

出所：文部科学省初等中等教育局教職員課，1998，5ページ。

表10-1　実習生の一日で気を付けたいこと（例）

	内　容
登校時	■朝は先生方よりも少し早めに出勤するように努める。 ■実習校への往復は公共交通機関を利用します。 ■登下校時は保護者・地域の方も見ています。教育者の一人として誰からも信頼されるにふさわしい言動を心掛ける。 ■往復の服装は，特に指定がない場合はスーツで登下校する。
登校後すぐ	■印鑑は必ず毎日持参し，必要なら学校到着後すぐに出勤簿に捺印する。 ■登校したらすぐに校長（教頭）に挨拶する。 ■担当の教員が来られたら，挨拶し当日の確認を行う。 ■校門指導等には，できるだけ参加し，子どもの様子を知る。
勤務中	■積極的に子どもや先生方に自分から関わり，謙虚に学び，子ども理解を深める。 ■先生方や他の実習生の授業を可能な限り参観させてもらう。ただし，事前に必ず許可を得る。 ■自分の授業を他の先生方に積極的にみていただき，放課後などにアドバイスを個別に伺い，授業改善に努める。 ■大切なことや学んだこと，気づいたことはその場で必ずメモに残し，その日のうちに実習日誌にまとめる。 ■何らかのトラブル（怪我，器物破損など）が生じたときには，勝手に判断をしない。直ちに担当教員に報告し，指示を受け行動する。その後，大学にも連絡する。 ■学習指導案や実習日誌，その他の文書等の提出は，指示された日時を厳守する。 ■実習生用の控え室や職員室に用意してもらった自分用の机やいすは，常に清掃や整理整頓を心がける。
下校時	■一日の終わりには実習生用の控え室や職員室体の清掃を行い，戸締まりを必ず確認する。 ■学校から帰る際には，指導教員の許可を得る。また，校長（教頭）に必ず挨拶してから下校する（その他，登校時と同じ）。

出所：筆者作成。

（2）教育実習生の一日

　前述したように，実習期間中は教科指導や生徒指導はもちろんのこと，学校行事，部活動，休み時間や掃除の時間等で子どもたちと積極的に関わり，指導担当の先生と行動をともにしながら，その姿から教師の一日の仕事を知り体験することとなる。その際，一日の中で特に留意すべき点を例示したものが表10-1である。

（3）実習校の教職員との人間関係

　仕事の成否と人間関係が直結することが多い。それは学校現場でも同じであり，よりよい人間関係の構築には，以下のような社会人としてのマナーを身につけていること，謙虚で誠実な態度，明るく前向きに努力する姿勢等が大切である。

人間関係作りのために

◆社会人としてのマナー
　〇すべての学校の教職員に笑顔で明るく挨拶をする
　〇礼儀正しい言葉遣い
　〇清潔感のある服装や髪形
◆謙虚で誠実な態度
　〇時間と約束を守る
　〇指導を素直に聞く
　〇感謝の言葉
◆明るく前向きに努力する姿
　〇積極的に質問・相談をする
　〇アドバイスを生かして授業を改善する

　さらに，教育実習は，大学と実習校の関係教員だけでなく，教育委員会の担当者や指導主事など多くの教職員が，教職を目指す後輩を育てようという気持ちで，実習中だけでなく実習前から関わっている（図10-3）。

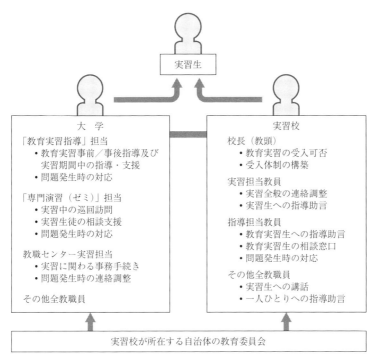

図10-3 教育実習生に関わる教職員例

出所：筆者作成。

　特に，実習校の教職員は，教育実習生の指導のために多くの業務を抱えながらも多大な時間と労力をかけている。常に感謝の気持ちを強くもち，実際に教育実習生を指導してくださる教職員と，良好な関係を構築することが重要である。

（4）子どもとの人間関係

　よい教師になるための必要条件は，子どもに力を付ける授業ができることと，子どもと良好な人間関係をつくることができることである。教育実習では常に子どもと関わり，現場の教職員の子どもとの接し方や話し方から，教師としてどのように子どもと接するべきかを学ぶこととなる。

子どもとの人間関係づくりの第一歩は，子どもの名前を覚えることである。子どもは名前で呼ばれることで先生が自分を認識してくれたと感じることができる。できるだけ早く子どもの名前を覚え，授業でも名前を呼んで指名することが必要である。

　また，子どもが学校にいる間は，できる限り子どもといっしょに過ごすのが基本となる。授業の準備など子どもがいなくてもできることは下校後の時間に行うようにして，積極的に子どもと関わる時間を大切にしなければならない。その際，いつも特定の子どもやグループとだけ関わるのではなく，意識的にいろいろな子どもと関わるようにすることが大切である。また，中学校，高等学校では，放課後の部活動でも子どもと一緒に活動する機会を設けることができる。また，子どもからのコミュニケーションを待つのではなく，こちらから積極的に話しかけなければならない。どの子どもも，先生からの声掛けを待っており，最初は笑顔や挨拶から始めるなど工夫しながら人間関係を構築していく。

　良好な人間関係は自分を認め褒めてくれる人としかできないと言われるように，よいと思った子どもの具体的な言動を些細な事でもよいので褒めることが大切である。その言動がなぜよいのかを意味づけして全員を公平・平等に褒めることが大切である。周囲から認められ褒められることで子どもは大きく成長することができる。

　また，子どもはしばしば失敗や間違いを起こすこともある。その中には毅然として叱るべきものもある。眼の前でいじめや悪質なルール違反があった場合には教育実習生といえども子どもを叱らなくてはならない。場合によっては，子どもが叱ってほしいと思っていたり，先生を試していたりすることもある。その際は，できるだけその場ですぐに毅然とした表情・態度でなぜその言動が悪いのかを伝え，その後すぐに担当の先生に報告・相談しなければならない。また，叱った後，できるだけ早急にその子どもと普通の会話をして人間関係を保つことも必要である。

5　教育実習の学びを深める

（1）学びのサイクル

　教育実習での学びを深めるためには，経験豊かな現職教員の言動や子どもの
変容などを常に観察することが基本である。しかし，漠然と観察していると
「おもしろかった」「すごかった」のような印象しか残らない。つまり，教育実
習を「体験」するだけでは，人間としての成長を期待することはできない。何
ごともやりっぱなしにしていると，せっかく学んだことが曖昧なままになり，
いつしか活動が億劫になったり言われたことだけをこなしたりするようになっ
てしまう。大切なことは，「体験」したことを自分の経験として，授業等で身
につけた知識をもとにきちんと言語化して「概念（理論知)」にまで高めること
である。

　教育実習での体験を通して，一人ひとりがもった「実感・納得・本音を大事
にする習慣をつけていくと同時に，その実感・納得・本音そのものを時に自己
点検し，変えていく」（梶田，2017，76ページ）ことが必要である。さらに，「自
分の実感・納得・本音をそのまま『言葉』として皆で練り上げていって，より
一般性のある，そして公正・公平な，共有の認識や価値観にまで高めていく」
（梶田，2017，76ページ）ことが必要である。[*2]

　教育実習での学びは，自身の体験を客観的に眺め，対話を通して一つひとつ
の言動に込められた思いに気付き，省察することで「体験」を「経験知」へと
高めることである。さらに，振り返りさえすればよいというものではなく，他
の場面や将来自分が使えるように概念化（一般化）し「理論知」に昇華してい
くことが不可欠である。そのためには，得た経験知を自分の言葉で言語化しな
ければならない。さらに，この「理論知」を実践して具現化し検証，手直しす

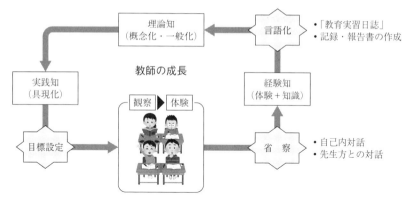

図10-4　教師の成長サイクルのイメージ

出所：筆者作成。

る作業が必要である。失敗を恐れず，身に付けた理論をもとに新たにチャレンジし，再度観察・体験し，省察していく。この「省察」「言語化」「目標設定」に主体的に意識し，習慣化することが教師として大きく成長するサイクルとなる（図10-4）。

　教育実習ではこのサイクルの記録が「教育実習日誌」である。

　自分で説明できることは「本当に理解した」ことだけである。教育実習でのさまざまな経験をその日のうちに振り返り，その日の目標がいかに具体化され，結果はどうであったのか，また，何を学んだか，何が疑問として残ったかを実習日誌に具体的な「言葉」で記録することで「概念化」が加速し，学びが深まる。「実習日誌」はまさに自分の教師としての成長記録といえる。

（2）「教育実習日誌」の記録

　前述したように，教育実習日誌は単なる感想や記録ではなく，自身の教師としての成長の記録である。そのため，どんなに忙しくても，毎日の出来事や体験を省察し，言語化し，担当教員から指導を受ける必要がある。図10-5は教育実習日誌の記録の例である。その際，漠然とした文章とならないよう，以下の視点を参考に省察するとよい。

①「自分自身の変容」……何に気づき，何を学び，自分自身がどのように変化したか

②「子ども理解」……自分は子どもの「つらさ，悲しさ，厳しさ」を理解しているか

③「教職員の働きかけ」……教職員はどのような信念や価値観をもって子どもと接しているか

6　理想の教師像を求めて

あなたはなぜ教師を志望したのか。

「小学校の時の担任の先生にあこがれたから」や「子どもが好きだから」と答える人もいるが，これだけの理由で一緒に働く教職員や保護者は子どもを安心して任せられるだろうか。素晴らしい先生との出会いは教師を目指した「きっかけ」であり，また，子どもが好きなことは教師として当然のことである。教員を目指す目的をさらに一歩深め，「どのような教師」になって「どんな子ども」を育てたいかを，経験や対話を通してみつけていくことができるのも教育実習である。

教育実習では，あらゆる場面で子ども一人ひとりの「喜び，感動，達成感」だけでなく，「つらさ，悲しさ，厳しさ」に気付くことができる。児童生徒一人ひとりの背景も含めた子ども理解を深め，寄り添いながらさまざまな体験を重ねる中で感じた疑問や本音，感動や気付きは人生の宝物であり，自分自身も一人の「人間」として成長していくこととなる。最初に紹介した先輩のように，教育実習を通してこれから教員生活を歩むうえでの大きな指針と自分自身の具体的な「理想の教師像」「育てたい子ども像」をみつける機会となる。

「人を育てる」教師こそが自分自身の人生を主体的に生き抜く力をもたなければならない。まさに梶田叡一（2017）が述べるように，「自分自身の実感に深く根ざした学び，個々の学びが関連して広く深い理解や思考，問題解決につながっていくような学び，今ここでの学びが自分自身の認識を広げ，広い視野

授業観察記録

教科等	英語		年組		年 組
参観日	月 日（ ） 時限目		指導者名		

題目ねらい	様々な国のあいさつ、文化の違い	

	授業者（発問・説明など）	学習者（応答・作業など）
授業の展開	あいさつ 出欠確認 本時、する内容を伝える テスト返し ファイル返し 期末試験までの導入 移り住むならどこの国？ 何を気にして選ぶか それぞれの国のあいさつや文化について 日本と外国の違い パソコンを使いながら、生徒にも前に出て来てもらい協力してもらう 余った時間は、生徒とのコミュニケーションと、先生の実体験を話す	・寝ている生徒が居たら起こす ・起立していない生徒は起立してもらうように言う. ・黒板に、テスト返し、ファイル返し、期末テストまでの導入と書く。終わったら線で消していく. ・黒ペンをなおして、赤ペンだけにする ・席は移動せずに、そのままの席で…と言う ・丸つけの点数配分の説明 ・パソコンのスクリーンを使うから教室の電気を消す. ・皆にバラバラに言ってもらう ・環境、食事、便利さ、習慣、人柄、その他を上位3つまで黒板に書き、1つに絞って手を挙げてもらう ・アメリカ ハロー、フランス ボンジュール といった国に説明する。 ・例を話し、先生だけではなく、生徒になおしてもらう ・会釈とお辞儀の差を説明する。 ・文化の違いにより、衝撃を受けること「culture shock」へにつながる. ・生徒が興味をひくような話し方 ・次の授業の範囲を言う ・実体験で起こったおもしろかった話などする. ・今日の授業をもう一度確認.

（気づいたこと・学んだこと）
テスト返す時に、席移動、黒ペンをなおす、などの注意点を言ってから返す。まず授業を始める時に本時の流れの説明をしておくと生徒も次何をするか、わかりやすい。先生が一方的に話し続ける授業ではなく、目で見て情報を得て貰えるように工夫されていて、先生がより興味がひくように、授業の内容が工夫されていた。もし、授業が早く終わった時の為に、私の実体験の話や、おもしろい話を用意しておく。生徒に授業を手伝ってもらうことで注目を集めることもできる。

図10-5　教育実習日誌の例

実 習 記 録 【第2日目】　　　月　　日（　）天候（　　）

		活動内容	生徒の様子など
始業前 HR		・服装点検（先生が巡回して確認） ・連絡事項（本日の予定）	基本的に落ち着いていて静かに話を聞いていた。
授業時間	1	課題研究（授業に向けての研究）	
	2	1-11,12組　男子体育 サッカー（グラウンド）	男子生徒ということもあって少しふざけた生徒が何人かいたが、やることは真面目にやっていた。
	3	2-9,10組　女子体育　（授業見学） テニス（グラウンド）	準備、片付けに少し時間がかかっている方々に見られたが、テニス部も真剣に授業を進められた。
	4	1-9,13組　女子体育 サッカー（グラウンド）	運動能力には個人差があるが全体的に活発で真面目に取り組んでいた。
昼食 昼休み			
授業時間	5	準備のお手伝い	
	6	1-4組　男女 保健（薬物乱用と健康）	1-4組は反応がよくて先生が質問したことに対して受け答え（リアクション）できている。（特に男子）
授業後 HR		そうじ（担当クラス1-2）	そうじの時の生徒同士で役割と決めしっかりとやっていた。
放課後			

考察
今日は実際に授業も見学もできて1から、授業の様子や生徒の様子、授業の流れ等、授業を細かく1目で見1限な自分のためになった。最初は慣れなくて声がすとても出ずに授業だけを見ている感じになってしまったので途中からそれを改善し、自ら生徒に声をかけ、アドバイスをした。アドバイスをしてもらう方がとても生徒は話を聞こうとしてくれるし、それに対して真剣に取り組んでくれて教える側にとってはとてもうれしい気持ちになった。あと、今日の中で一番の反省点は見学中（授業中の2つの観察時）2つのメモのタイミングと場所（位置）。特に集団行動していたときに先生側でそこを見取れていますと生徒を見ず、メモに書く。失敗を繰り返し、自分の指摘一方ありを出し成功の式しています（？）

●指導教諭のコメント　　　　　　　　　　　　　　　　　　　　　　[指導教諭印]
一日を通して、自身を見つめ直し、すぐに行動・実践に移せていました。授業は、生き物です。一人一人の生徒をきっちりと把握し、可能性を引き出しましょう。日々、生徒と、私も含め成長しましょう。

から深く考え合理的に判断できるような成長を自分自身にもたらしつつあると実感できるような学び」[*3]が教育実習であり，生涯学び続ける教員としての第一歩である。

参考文献

文部科学省初等中等教育局教職員課『教員をめざそう！』1998年。

梶田叡一『教師力の再興——使命感と指導力を』文溪堂，2017年。

梶田叡一「深い学びを」人間教育研究協議会編『教育フォーラム　深い学びのために』第60号，金子書房，2017年。

＊3　梶田叡一「深い学びを」人間教育研究協議会編『教育フォーラム　深い学びのために』第60号，金子書房，2017年，7ページ。

第11章　教員採用試験

　教員採用試験は，教職を志すあなたたちがその夢を叶えるためにどうしても突破しなければならない関門である。本章では，教員採用試験の概略，教員採用試験の特徴や求められる人物像，教員採用試験に合格する人とは，といった内容を述べ，この関門を突破するために一体どのような資質・能力，そして努力が求められるのかを考える。教員になるためには自分を磨かなければならない。それは，人として人生をよりよく生きる道と同じ道である。本書のここまでの内容と合わせて，大学4年間における自分磨きの力となることを祈っている。

1　教員採用試験とは

（1）教員採用試験で自らの成長を

　教員採用試験を知り，教員採用試験について自ら考えることは，あなたたちが自分を考え，自分と対話する絶好の機会になる。一人前の教師になるために何が求められ，何を身に付けなければならないのかを考えていけば，あなたたちは今の自分が獲得できているものと獲得できていないものとがあることに気付ける。

　教員採用試験の願書の「自己PR欄」を書くだけでも，あなたたちは，自分の獲得した長所や成長，今の自分を生み出したきっかけや出会いなどを自分と対話しながら探し，自分のこれまでの人生をふり返らなければならなくなる。ふり返らなければ願書の「自己PR欄」が埋められないだけでなく，面接で試験官の質問に答え，自分を語ることもできない。

つまり，教員採用試験に向けた準備は，そのまま自分磨きの作業になる。だからこそ，その機会を通して存分に自分と対話し，それを生かして自分の成長の場にしてほしい。教員採用試験に向けた準備で成長し，教員採用試験受験そのものでまた成長してほしい。

（2）所変われば品変わる

　教員採用試験は，各都道府県教育委員会，政令指定都市教育委員会が行う採用試験のことである。全国で70を越える公立学校教員採用試験が行われている。その多くは，1次試験合格者が2次試験に進み，2次試験に合格すると採用内定通知，もしくは名簿登載通知をいただけるというシステムである。

　「その多く」という曖昧ないい方をしなければならないところに教員採用試験の特徴がある。教員採用試験は，「所変われば品変わる」試験である。つまり，全国で共通している部分と，受験先によって大いに異なる部分とで構成されているのである。

　内容は実施教育委員会によって異なると述べたが，それを「模擬授業」で紹介してみよう。

　受験生の授業力と採用後の教員としての将来性を見るために，今では，教員採用試験で「模擬授業」が実施されることは当たり前となってきた。この「模擬授業」では，受験先によって，あらかじめ教科や単元を受験生に知らせているところといないところ，単元指導計画を書かなければならないところと書かなくてよいところ，その単元指導計画を提出するところとしないところと，多くの違いがある。さらに，違いはそれだけに留まらない。「模擬授業」までの準備時間も，長いところは80分，短いところは何と3分というほどその差は大きい。模擬授業そのものの実施時間は，8分前後が一般的であるが，中には10分，あるいは3分半のところもある。

　したがって，自分の志望先の教員採用試験の分析は大変重要になる。分析するためには，早期に受験先を決めることが必要になる。

（3）複数受験を──受験生の覚悟

　合格を本気で目指すならば，受験先の傾向を徹底的に調べる必要がある。そのため，3年の後期には自分の受験先を決めておくべきである。また，受験先は最低でも2か所，基本は3か所以上必要である。

　しかし，そう言っても1か所しか受験しない人がいる。教員採用試験をたった一つしか受験しないという受験生のほとんどが，「地元で教員になりたいので」という。「地元で教員にならなければならない。他では教員になれない」理由がある人は別である。例えば，家族の介護，自身の障害等の問題である。しかし，そうではなくただの地元志向，地元がいい，親元がいいという思いならば，それは2か所，3か所以上の受験をする受験生も思いは同じである。誰しも，自分が生まれ育った，家族のいる地元には愛着がある。「地元で教員になりたい」の根本には，まず「教員になりたい」という思いがなければならないのではなかろうか。「地元で教員になりたい」が，「地元でなければ教員にはならない」という思いの現れなのではないかと試験官に受け取られる恐れも，多分にある。そういう気持ちでは，現場で遭遇する困難には対応できないと試験官からはみられてしまう。

　「私は，子どものことが好きだから教員を目指します」と話す人も少なくない。その発言自体は，通常であれば何の問題もない。しかし，教員採用試験となれば危うさをもつ。学校現場には，もっと厳しい現実があるからである。教員は，子どもの素敵でない面，可愛くない面，大変な面，手のかかる面をみたり，大変な親や手のかかる親に直面したりする。それでも，子どもたちを守り，親と信頼関係を構築していく存在でもある。それだけに，先ほどの思いだけで教員の仕事をやり続けられるのか，本当に大丈夫なのか，と試験官に思われかねない。この受験生は，学校現場の現実に触れたり学んだりしてこなかったのではないかとも思われてしまう。

　試験官が問いたいことは，どんなことがあっても教員になる，という本人の覚悟である。教員になったならば，這いつくばってでも頑張り抜く，耐え抜く

という本人の粘り強さである。

　本気で教員になりたいのであれば，事情なき1か所のみの受験は，信念ではなく無謀である。出身地，関西，関東とみていけば，たいていの人は試験日がぶつからずに三つ程度の教員採用1次試験を受験できる可能性は高い。教員になりたいのであれば，複数受験をすべきである。

（4）小学校教員免許，中学校・高等学校教員免許の取得

　中学校，高等学校の教員になりたい人も，合格のために小学校の教員免許を取得することを検討してほしい。自分の実力次第では，そのまま小学校教員の教員採用試験を受験することも検討してほしい。中学，高校の教員採用試験に合格するのには，高い専門的能力が必要となるからである。

　まず，中学，高校の採用人数自体が小学校に比べるとかなり少ない。当然，競争は激しくなる。かつてある県が高校保健体育科教員の特別推薦制度を行った。その条件は，自分の専門種目において，個人種目であれば日本一，団体種目であれば全国制覇，もしくは準優勝をしたという経歴が求められた。そして，そこにはオリンピックに出場した人間，アジア大会に出場した人間が受験をした。「高い専門的能力」の一例である。「高い」と述べた意味は，ここにある。例えば，英語教員であれば，TOIEC が800点以上あるということでもある。

　中学，高校の採用人数の少なさは，そのまま常勤講師，非常勤講師に採用される競争も激しいことを意味する。受験先には，すでに講師をしながら正規採用を目指して頑張る20代後半，30代以上の先輩たちがいる。その人たちの多くは，自分の道を変えることなく頑張るであろう。結果，教員採用試験に合格できなかった人は次の年も講師に応募する。翌年は，そこに新たな講師志望者が加わる。競争は一層激化する。講師を求める側も条件を出してくる。中学校にある部活動を指導できる力量があるかどうかは，その種目を専門にしてきたかどうかでみられる。競争が激しいほど，求められる実績は高くなる。

　中学，高校の教員になりたいのに，小学校の免許をとってどうするのかと思う人がいる。しかし今は，小中一貫教育が重要視されている情勢である。小学

校教員が中学校に移動するということは増えていく。また，小学校においては
教科担任制を試行する動きも顕著である。すでに，小学校と中・高の教員免許
をもっていることが受験資格に明記されている教育委員会もある。この傾向は，
今後高まるであろう。小学校教員志望者も，中・高教員志望者も，どちらも小
学校と中・高の両方の教員免許をもっている方がいい状況が広がる可能性があ
る。全国の動向に関心をもち，自分の志望先の教員採用試験願書を手に入れて，
よく読んでおくべきである。また，中・高の教員になりたい人は，私学の中・
高の受験も重要である。

2　教員採用試験が求める人物

（1）優秀な人物がほしい

　学校現場は，優秀な人物を求めている。優秀とは，受験学力の優秀さではな
い。人間性の優秀さである。立派な教員になる可能性をもっているという人で
もある。いい換えれば，教育委員会は，学習者に確かな学力を育て，学習者と
温かな人間関係をつくり，学習者と保護者から信頼を寄せられる担任が切実に
欲しい。学校現場は，喉から手が出そうになるほど，そのような若者が欲しい
のである。
　毎年のように学級崩壊を起こす教師がいる。学習者の思いを理解できない，
理解しようとしない教師も中にはいる。「そういう教師は辞めさせるべきであ
る」と，多くの人が発言する。しかし，現実にはそう簡単に正規教員を辞めさ
せることはできない。できることは，教員採用試験という入口で，そのような
教員を採用しないということである。代わりに，人間性に優れた，成長しよう
とする意欲の高い人物を採用したい，ということになる。確実にできる日本の
教育改革は，学習者を守り育てきろうとする人物を教員に採用し，教員として
育てることだともいえる。したがって，教育委員会の能力が高ければ高いほど，
必死で教員採用試験を改善し，効果的な成果があがるように実施しようとする。

一度採用すれば，その人間には多額の生涯賃金を出費することになる。対費用効果の点でも，各教育委員会は教員採用試験に必死で取り組む。そのため，教員採用試験には毎年改良が施され，進化してきている。

（2）どんな人物を採用したいのか──三つの強さと二つの力

　では，どんな人物を採用したいのか。受験要項には，さまざまな表現で教育委員会が求めている教師像が述べられている。受験者は，受験先の教育委員会が求める教師像をよく読んで理解しておかなければならない。キーワードは暗記してほしい。多くの要項を集めれば，本質的には同じ内容をさまざまな表現，切り口で受験生に訴えていることもわかる。これらを筆者流にまとめてみよう。
　教育委員会が求めている教師像とは，三つの「強さ」を持つ人物である。その三つとは，①身体の強さ，②粘り強さ，③打たれ強さである。

身体の強さ

　今の教育現場は多忙を極めている。その中で，毎日毎日仕事をコンスタントにこなしていくには，まずもって健康でなければならない。何年もそのコンディションを維持するには，規則正しい生活を送ろうとする本人の姿勢が重要になってくる。瞬間的な身体の強さもよいが，継続する身体の強さは必須である。

粘り強さ

　学校や教師に対する世間の風当たりは，「モンスターペアレント」という嫌な表現が生まれて以降は，ややましになった。マスコミも学校や教師に配慮しようとする面が生まれている。しかし，それでも，依然として厳しい視線はもある。その中で保護者や地域の信頼を得るためには，口先だけでは無理である。継続的な指導，継続的な取組があってこそ，「なるほどあの先生は違う」「普段言っている通りだ」「さすがあの学校，あの先生だ」ということになる。もともと教育は，ファーストフードやインスタント食品とは対極にある，長い時間をかけて木を育てるような営みである。粘り強さなしには，そもそも教育はで

きない。

「モンスターペアレント」という表現だが，学校，教師が保護者のことを「モンスターペアレント」と呼んだ時点で，その学校，教師は，自らを汚（けが）している。その学校，教師は，自分たちが「モンスターティーチャー」と呼ばれても平気なのであろうか。自分は「モンスターペアレント」と相手のことを呼ぶが，相手からは「モンスターティーチャー」とは呼ばれたくないという考えは，ダブルスタンダードになる。教師のダブルスタンダードは，教育力を低下させる。

打たれ強さ

教育には，簡単に導き出せる問いなど滅多にない。もちろん，鉄板，鉄則といった注意事項はある。どんなことがあっても手放してはならないものの見方もある。しかし，目の前の困難を解決できる絶対的で唯一の解といった都合のよいものは，存在しないと思うべきである。

直面する困難を解決に進めていける解は，教師が自分の心と頭，信念と分析によって，よく考えた選択肢から，これなら後悔しない，間違いないというベターな選択肢を，主体的創造的に思考し，判断し，決定するものである。〈我の世界〉が未熟な時には，視野が狭く，囚（とら）われることが多く，結果として選択ミスや選択肢もれといった失敗はつきものである。むしろ，失敗することを覚悟すべきである。「必ず失敗に直面する」──そういえるほど，教育という営みは難しい。

つまり，失敗がいけないのではない。いけないことは，失敗から学ばないことであり，失敗を恐れることである。人は自分が可愛いため，犯した失敗を責任転嫁したり，身勝手に失敗の大きさを割り引いたりして，自分の犯した失敗を直視できないことが多い。5の失敗をした場合，5の失敗をしたと正しく評価すること自体が難しい。失敗を過小評価したり，過大評価したりする。そのことによって，失敗から正しく学び切れない。失敗を過小評価をする人は，人間としての伸びしろが少ない。失敗を過度にとらえる人は，自分に厳しすぎる

し，くよくよしやすい。どちらも，自分を理解できていない。失敗を直視し，失敗から正しく学べる人は，優れた人物なのである。失敗を恐れ，形だけを整え，保身に走ろうとする姿勢が自分に存在すれば，その人は教員としての生命を失っていく。保身は，学習者ではなく，自分や自分の組織を守ろうとするものである。守るものを間違える人間に，学習者を育てることはできない。

　しかし，誰においても失敗から学ぶことには勇気がいる。惨めな自分の姿を直視しなければならないからである。思い出すことがつらい出来事を分析の対象にしなければならないからである。迷惑をかけた人々への良心の呵責に耐えながら過ちを見直さなければならないからである。しかし，その一つひとつが自分を育てる。それは，間違いなく教員として学んでいる姿である。

　あなたたちが進む教職の道には，100点満点はない。その道では，人によって正答が違う。採点基準が違う。ある人が〇をつける答えに，ある人は×をつける。人の意見を傾聴し，特に上司の意見を虚心坦懐に受け入れ，主体的に，自分で精一杯考えて，自分解を創らなければならない。自分で納得できるように，自分の論理を必死に，懸命に組み立てなければならない。この点では，教員には論理的思考力が求められる。屁理屈ではない論理の力である。

　これだけ難しい教育の道であるのだから，あなたたちは開き直るべきである。失敗せずに順調に前に進もうという考えを捨てればよい。その開き直る覚悟が自分の力を発揮することになる。「失敗せずに」という考えは，教育の道においては逆に自分の足を引っ張る危険性がある。学習者の成長のためには，自分が失敗や間違いに直面することがあると，今から覚悟しておくことである。大切なことは，失敗した時にそこから学ぼうとする自分の行動と思考である。失敗に直面したときには，全神経を集中して失敗や間違いから多くのことを学び切ることができるようにしてほしい。

　この点で，教員を目指す人物には，愚直さがいる。器用さは，反対に命取りになる。器用な人間は，その器用さを発揮してピンチを切り抜けようとする。切り抜けようとしている間，頭の中は自分のことでいっぱいになる。学習者のことを忘れてしまう。

　愚直な人は，そうはならない。「愚直」の意味の通り，正直すぎて気がきかないほど，学習者のためを思う。そのことが，教育の道の真ん中を歩くことになる。目の前の障害物にぶつかろうとも，学習者の成長を握って放さない。「打たれ強さ」を自分に養うことができる人物は，愚直に努力できる人物ともいえる。

　器用であることを否定したいのではない。器用さに足下をすくわれないようにしてほしいのである。器用でなくても結構，真っ直ぐ学習者のために突き進む姿勢，どんなことがあってもブレないで進む姿勢が教員には求められることを，貴方たちに伝えたい。

　時々の風を読んで利口に世間を渡ろうとする人間は，教員としては大成しにくい。追い詰められることの多い教員の仕事では，小利口な人間は最終的に保身の誘惑に勝てず，自分を正当化するために失敗を子どものせいにしたり，親のせいにしたり，人のせいにしたりする。愚直な人間は，現実とまっすぐ向き合い，誠心誠意自分の至らないところ，自分の修正すべきところを検討しようとする。この差は，決定的に大きい。

　「打たれ強さ」を身に付けるためには，一回の失敗で崩れてしまうような弱い自分にはならないことである。それでは，数多くの失敗を体験できないからである。弱い自分をつくるということが，教師にとっては最も取り返しのつかない失敗の一つかもしれない。そうならないためには，失敗しても必ず立ち上がることである。成功させることが目的ではなく，立ち上がることが目的だととらえてほしい。失敗したくない，失敗を避けたいと思うのは，人間なら誰しも同じである。だから，職場の先輩たちは，あなたが失敗したときにはあなたの辛さを思いながら見守ってくれている。あなたが何もいわなくても，あなたの立ち直りを期待し，心の中で応援してくれている。だから，不格好で構わない。失敗から立ち上がる。すぐに立ち上がれなくてもいい。時間がかかっても立ち上がることである。大きな失敗から立ち上がったあなたを，職場の先生方は感心してみてくれることであろう。

　もし，どうしても自分の力で立ち上がることができないと思ったら，自分の

失敗とそこから感じる自分の辛さを，正直に自分の言葉で，まず誰かに語ってほしい。話をするだけで，その話を聴いてもらうだけで，それをしなかった貴方とは違う。管理職の先生には，できる限り聞いてもらうことである。そのときのあなたは，初めの一言が口から出ずに震えているかもしれない。語るうちに涙が溢れるかもしれない。それでよいから語ることである。語ることができれば，語った分だけ楽になる。自分のことを自分の言葉で語ったとき，あなたは語った分だけ救われる。その繰り返しの中で，あなたの強さは磨かれる。

　失敗がいけないのではない。失敗から学ばず，同じ失敗を繰り返すことがいけないのである。失敗を取り返す方法は，二度と失敗しないでおこうと思うことではなく，その失敗からよく学ぶことである。そして，絶対に失敗から立ち上がることである。失敗から学ぶことと立ち上がることが，失敗を取り返すことにつながる。

　教員は打たれ強くなければならない。打たれ強さとは，失敗し，批判され，責任を指弾され，地面に叩きつけられても，それでも這い上がり，前に進もうとする強さである。

　自分が打たれ弱いと思っているあなた，読んでいて心が苦しくなったあなたは，そう思い，そう感じるから自分が弱い，と早合点してはならない。そのように感じることができるあなたの感性は，貴重である。その繊細さは，困っている学習者の思いを本当に理解する力になる。もし，自分は苦労体験が少ないと考えるのなら，これから苦労体験を増やせばいいだけである。

　部活動は，苦労を体験するという点で学び甲斐がある。一生懸命練習しても結果が出ない辛さがそこにはある。目標に向かって努力する自分，にもかかわらず伸びない自分，本番が迫り不安な自分，そういう自分との対話がそこにはある。ときに筋の通らないことを上からいわれる。その不条理さがまたよい。世の中は，不条理に満ちているからである。この世の中で，不条理が少ない場所は教室と家庭である。人によっては例外もあろうが，一般的にはそう述べて差し支えない。あなたたちは，その快適な教室から，不条理に満ちた世の中に旅立つのである。その人生の旅に備え，己を磨き，鍛えなければならない。

　部活動に入っていないあなたは，学校ボランティアに出ることである。学校現場に入って，積極的に学習者と関わり，学ぶ。大事にすべきは，学習者を理解する力を現場で磨くことである。そのためには，学習者とよく遊ぶ。次に，問題が起きたときの現場の先生方の対応をよく観ることである。疑問を放置せず，大学の先生と対話することである。失敗を恐れず積極的に動き，管理職や各主任の先生方からの話，耳の痛い話ほど真剣に聴くことである。

二つの力

　三つの強さは，教員に求められるものは何かという問いに対する解でもあるが，教員採用試験を分析すると，以下のような二つの力が求められるともいえる。

　○　絆を結ぶ力（信頼関係を構築できる力）
　　学習者と人間関係，信頼関係をつくることができる人物
　○　チーム力
　　学校の教育課題に管理職を中心にしてチームで取り組むことのできる人物

　いうまでもなく，教員は学習者を育てる職業である。したがって教員は，学習者から信頼される存在でなければならない。そうでなければ，学習者が担任の指導を全面的に受け入れるはずがない。信頼している担任に「頑張ろう」といわれるから，「そうだ。頑張らなければ」と学習者は思えるのである。学習者から信頼されていない担任に，学習者のやる気スイッチを入れることはできない。「絆を結ぶ力」が必要なことは，誰もが認めることである。したがって教員採用試験では，面接，場面指導，模擬授業を通して，受験生は学習者から信頼される人物かどうか，信頼関係を築ける力や可能性があるかをみる。

　「チーム力」は，今の教員に強く求められる。学校でさまざまな問題が起き，その激しさが増し，学校，教員に対するクレームが増えていく今の時代は，昔のように一人ひとりの教員だけで対応できる時代ではなくなっている。今は，

学校の教職員が一つのチームになって行動して問題や課題に取り組まなければ，学校，教員が前に進めない時代である。

　したがって，一人ひとりの教職員は，自分がチームの一員である自覚を強くもって，学校長を中心に，組織として行動するチームプレーの精神が強く求められる。教育実践の質を高めるためには，どうすればチーム一丸となることができるのかということが決定的に重要になる時代である。

　しかし，実際には未だにスタンドプレーを行う教員，サインを見落としたり，作戦を聞き落としたりする教員，犠打を嫌がる教員と，チームに対して献身的でない教員，監督が誰なのかもよくわかっていないような教員が，残念ながら現場には存在する。そのことを管理職も，教育委員会もよく知っているだけに，このチーム力については真剣に見る。面接の中の一つ「集団討議」は，この力をみようとするものである。

3　教員採用試験の特徴

　かつて，教育現場が今よりも穏やかであった頃，教員採用試験は，学力を試すペーパー中心のものであった。有名国立大学教員養成系出身者が比較的有利であった。しかし，いくら紙の上で正解を導き出す力が高くとも，それだけで教員になることはできない。現場の問題が深刻さを増して行くにつれ，学歴や学力よりも，本人の生きる力，たくましさ，相手を理解する力，人間関係をつくる力，チームで行動できる力が重要であることに現場は気付いていく。気付かざるをえない問題に直面させられたからである。いじめ，不登校，学級崩壊，その中で親や学習者から不信を生む不用意な言動を教員がしたり，許すことのできない不祥事をおかしたり……。そうして，問われるものは本質的なものに変わっていった。それが，教員の人間性である。

　そのため，採用の段階で現場の抱える問題に対応できる能力のある人物を採用しようと，教員採用試験は大きく変貌を遂げる。その結果，教員採用試験は世の中の採用試験の中でも最も進んだ試験の一つとなった。その特徴の一つは，

学校現場で求められる要素を教員採用試験に持ち込み，教員採用試験と学校現場との段差をなくし，二つが直結するように工夫していることである。教育改革に取り組むスピードの速い大都市圏を中心に，各教育委員会は教員採用試験改革に熱心である。

　ある教員採用試験実施担当者は，「私たちは『人物』が欲しいのです」と述べた。つまり，教員採用試験は，人物を評価する試験であると述べたわけである。その評価規準は，先ほど述べた「三つの強さ」であり，「二つの力」である。その力があるかどうかを測るために，教員採用試験は変貌した。それが，ペーパー重視から面接重視ということである。

　かつての面接は，1次試験のペーパーテストを合格した受験生だけを面接している傾向があった。しかし，今では教育委員会は，1次試験受験者の全員を1次試験で面接しようとする傾向が強まってきている。1次試験からしっかりと人物をみるため，面接試験の日を幾日も設定し，一人当たりの面接時間をしっかり確保できる工夫が施されている。同じ面接であっても，昔と今とでは発想と目的が大きく異なる。そこには「少々ペーパーが悪かろうと子どもたちを安心して預けられる人を」という採用者側の本音が聞こえるようである。事実，「1次の筆記試験は全体の得点の半分。半分は面接で決めます」と公言する採用担当者もいた。面接でよい人物をみつけたら，その人物をマークして見続けようという姿勢が，そこにはある。

4　面　接

（1）面接の内容と極意

　人物を見極めるための面接は，試験の合否の半分を占める重要なものである。その目的を達成しようと，教育委員会は面接方法を研究し，実施方法は多岐にわたっている。最も一般的な面接は，「個人面接」である。それ以外に，同じ質問を一人ずつ順に集団に問う「集団面接」，答えの出にくいテーマをわざと

与えて受験者がどのようにチーム力を発揮するのかを見る「集団討議」，実際に学校で起きるような問題を受験生に浴びせかけ，受験生の問題対応力や指導力，咄嗟にみえる人間性をみようとする「場面指導」，学習者とどれだけやり取りができるか，採用後の教科指導力の伸びる可能性をみる「模擬授業」と，この「模擬授業」と組み合わせた面接，ざっとあげたところでこれぐらいの種類がある。後は，これらの面接を目的に合わせて組み合わせ実施する。

　実際，短時間にその人間のすべてをみることはできない。しかし，短時間でも何とか受験生の人間性をみようとすれば，ある程度の部分はみえる。試験官は，面接の難しさを承知しているからこそ，全力を挙げて貴方たちを必死で観察する。あなたたちは，そのことをよく承知しておけなければならない。試験官は本気であなたたちをみようとする。小手先の，その場だけの綺麗事で何とかなる話ではない。そもそも，人間が咄嗟にできることは，普段からできていることである。それを忘れて，大抵の人間はその時だけ最高のパフォーマンスを発揮しようと欲張る。しかし，それは無理である。普段できていないことは，面接でもできない。普段の自分の質，日常の質を高めることが肝心なのである。面接の時だけいい子にしていて上手くいくほど，面接は甘いものではない。試験官は，面接で相手を見抜くプロなのである。付け焼き刃は通用しない。あなたたちの普段の言動を問い直すことが重要である。普段からの，日常のあなたたちのあり方こそが，決定的に重要なのである。それがなければ，緊張する面接の場で，自分の力を自然と発揮することはできない。面接試験対策の極意は，日常の自分を磨くこと，自分の日常生活を磨くこと，である。教員採用試験は，その日まで自分を自分でどれだけ磨いてきたかが問われる試験なのである。

（2）面接で求められるもの

　では，あなたたちは面接でどこをみられるのか。

　入室，お辞儀，挨拶，姿勢……，これらは試験官が意識的にみている。あなたたちは，これらのことを完璧にできるように練習しなければならない。

　願書の実施要項書類には教育委員会が求める教員像が書かれている。当然，

それを読み，備えを万全にしておかなければならない。試験官は，その教員像をポイントにしてあなたたちをみているのだが，必ずしもそれがすべてではない。何せ，短い時間での面接である。試験官は，印象や直感も含めて無意識に相手を判断している。

では，試験官の目は何を無意識にみているか。

それは，あなたの人間としての姿，あり方である。時に筆者は，「『華』のない人は，教員採用試験に合格しない」という表現で学生に話すことがある。では，「華」とは何か。第一印象がよいことである。それは，人としての魅力が表に現れていることである。

具体的に述べれば，入退室の明るく元気な声であり，折り目正しい所作であり，人の話をうなずきながら傾聴する姿であり，全身から感じられる明るさであり，元気さであり，素敵な笑顔であり，人を惹きつける魅力である。教員には，人から慕われ，親しみを感じられるような，人を受け入れるオープンな雰囲気が必要である。

誤解をされると困るのだが，暗い印象，消極的で活力を感じさせないタイプの人は，面接では損をする。「誤解をされる」と述べたのは，一見暗そうにみえる人であっても，人見知りが強いだけで根の明るい人はいるし，物事を追究する大きな力をもっている場合もあるからである。何より，自分を外に向けて表現するきっかけに出会わなかっただけで，よいきっかけがあると一気に隠れていた明るさが表に出てくる人もいる。つまり，今の姿は仮の姿ということである。そのようなことは，誰にとっても起こりうる。

しかし，短い時間の教員採用試験における面接では，そのままでは点数は伸びない。採用試験においては，本人の成長の段階やこれまでの人生があったからといって見逃してもらえることではなかなかない。したがって，教員採用試験の合格を目指すのであれば，普段から自分の「華」を養わなければならない。そのためには，普段の挑戦が決定的に重要になる。部活動で真剣に語り合ったり，大学で行われる学園祭や各種行事に積極的に参画したり，とにかく人と積極的に交流することが大切である。その人自身の内面が本当に元気で，明るく，

人とのつながりを大切にする積極性に溢れたものに育っていない限り，面接で試験官に「華」を感じさせることはできない。人間は毎日，「楽か大変か」「近道か遠回りか」というように小さな選択を絶えず行っている。楽なことより大変なこと，近道は遠回りという選択，判断が自分を磨く。毎日の生き方，毎日の努力が自分を育てる。

「華」を養うことは，友達と本当の友情を創り上げることともいえる。自分を本当に理解してくれる友達がいれば，人は明るく笑える。傷口を嘗め合い，変にかばい合い，気を遣い合うことではない。それでは，笑いも，嘲笑になっているかもしれない。求めるべきは，お互いを高め合える「本当の友情」である。

（3）場面指導

教員採用試験が最も進んだ試験であるといわれる理由の一つが「場面指導」という面接にある。「場面指導」は，学校で起こりうる問題を受験生に投げかけ，受験生がその場で臨機応変に，どうその問題に対処できるかをみようというものである。これは，まさにその人の人間性が現れるすぐれた試験方法である。裏を返せば，受験生にとっては「模擬授業」と並んで，大変な難関である。

難関である理由の一つは，出題される問題の質が高いということにある。筆者は学校現場に講演や指導助言に多く行っていたが，その場で「場面指導」で出題される問題を紹介すると，経験豊富な先生方が黙ってしまう。現場の先生でも，解はすぐに出せないような問題の難しさが，そこにはある。それを，学校現場で働いた経験のない現役学生が答えるのである。受験生が困るのも当然である。「場面指導」を重視するある市の教員採用試験担当者が，「学校現場を知らない受験生は要らないのです」と述べていたのも頷ける。学校現場をまったく知らない人間では，手も足も出ないかもしれない。

しかし，学校現場を知らないのに「場面指導」の問いに堂々と答える受験生もいる。それは，部活動等で苦労したり挑戦したりしてきた学生である。競技で苦労したり，部やサークル，集団をまとめあげることで苦労したり，他の学

生がやっていないことに挑戦してきた学生である。彼等には，苦労を通して獲
得した人間性がある。人としてどう生きるべきか，どう進むべきかという信念
のような，開き直れる強さのようなものが育っている。

　「場面行動」とは，学習者が起こす問題のある場面のことである。その時教
員に試されるのは，教員としてどう対応すべきかという人間としてのあり方，
それを基にした自分の判断である。そこには，人間とはどうあるべきかという
各人の自分解がある。苦労してきた受験生には，その自分解がある。

5　合格者から学ぶべきこと

（1）共通点

　教員採用試験の厳しい現実の中で，栄冠を手にした人がいる。自分磨きを行
ううえで自分のどこをどう磨けばよいのかということを考える上でも，合格者
がどんな人たちであったのかを知ることは重要である。

　筆者の知っている合格者たちは，次のような人たちであった。
「合格者は，○○を一心不乱に取り組んだ人である。それが部活動であれば，
来る日も来る日も休みなく練習に励み，キャプテンとして部の規律と団結を重
んじ，そのために憎まれ役も買って出た。そのことによって誤解も受けた。し
かし，それでも自分の役割を全うすることから逃げなかった人たちである」

　この文章の○○が，柔道か，バレーボールか，ハンドボールかという違いは
あったが，何人かの合格者には，見事な共通点があった。

　彼等は本当に努力家であり，責任感があり，自分の役割，任務を全うするこ
とに誠実であり，いい訳をせず，周りのせいにせず，自分のどこを変えれば自
分の役割を全うできるのかについて誠実で，逃げたり諦めたりすることがなか
った。彼等は，部の練習においては率先して練習した。それだけでなく，授業
では最前列で授業を受けた。部活動を理由にして授業を休まない。授業での居
眠りをしない。自らの言動を通して部の規律を創るという意志と決意にみなぎ

り，それを実行していた。

　しかし，集団の中でそのようなまともなことを行うことは並大抵の苦労では
ない。少子化，学校・教員の権威低下，規範意識の低下，行き過ぎた個人尊重
の中で，「説教はお断り」「面倒なことは嫌」「摩擦の起きることは避けよう」
という安易な空気が存在している。その中で，耳の痛いことをいう人を毛嫌い
する傾向が今の若者の中には存在する。しかし，みんなをリードしようとすれ
ば，耳の痛いことをいわなければならない。目標や方向，夢やビジョンを熱く
語らなければならない。それを同世代に向かって行うと，「うざい」「あつくる
しい」といった反発を受けたり，実際に距離を置かれたりするリスクがある。
ときに，いわれのない誤解を人から受けることにもなる。合格者の話を聴くと，
そのことが決して稀なことではないことがわかる。リーダーとして人の前に立
つポジションがゆえに，人から特別な目線でみられることも多い。他の人のよ
うに，お気楽に群れの中に身を隠すような安楽な状態ではなかなかいられない。
人はそのことを恐れ，想定される摩擦を避けるため，我が身を群れの中に隠し，
安楽，平和，静寂を保とうとしている傾向がある。しかし，合格者はそういう
リスクを恐れず，時に誤解を受けてでも自分の責任を果たそうとした。その中
で苦しみ，葛藤し，任務放棄を囁く自分と戦い，迷いや誘惑に屈せず頑張り抜
いてきた。だからこそ，彼等は成長できた。安易さに流されず，あえて苦労す
る道を選び，我が身を磨いてきたからこそ，彼等は成長した。教員採用試験の
合格は，彼等が自分を磨くことに真剣に努力してきたことに付いてきたもので
ある。諦めない強さや覚悟や信念は，苦しみとの葛藤の中でこそ育つ。合格者
は，それをやってきた人たちであった。

　バレー部のキャプテンは，公立の教員採用試験には残念ながら合格できなか
ったが，その後私学の試験をいくつも受験し，見事高校体育教員として合格を
勝ち取った。その粘り強さは，彼女の努力が磨いた力である。そういう人間で
あったからこそ，受験先の教育委員会から「残念ながら正規での採用はできま
せんでしたが，是非講師に来てほしいのです」というお誘いもいただいた。

（2）自分を磨く努力

　ある合格者は，教職センター・教員採用支援室の講座に必ず出席した。女子柔道部のハードな練習と練習の合間をぬって，彼女は対策講座に出席した。ある日，遅い時間の対策講座には彼女しか出席していなかった。大抵の人間は「やる気がなくなるな」と不参加の人を非難しながら「今日は中止にならないかな」と心の中で期待したりするものである。しかし，彼女は教職センター・教員採用支援室の主事に次のように話した。
「先生，私一人だけですけど，どうか授業をしてください」
　そして，その講座が終わると，「21時の練習終わりまでまだ1時間はあります」といって，何事もなかったかのような顔をして，練習のために道場に戻っていった。
　ある合格者は，自分の専門的知識を獲得することに執念を燃やしていた。理由は簡単である。彼は，高校の英語教員になるということがいかに困難な道かを認識していたからである。その目標達成のために彼は，自らニュージーランドに留学をした。もちろん，英語力を磨くためである。その後，日本に戻ってからも英語力を磨くことを怠らなかった。自分の大学に英語の研究会がないのがわかると，自分で探して交渉し，他大学の研究会に入って英語力を磨いた。自覚的な努力を続け，TOIECは900点以上を獲得するまでになった。そして，現役で高校英語の教員採用試験に合格した。
　ある合格者は，みんなの学生生活を充実させる活動と教員採用試験に向けた学習の両方を頑張った。彼女は開学間もない大学で初めての体育祭実行委員長を務め，同時に教員採用試験合格を目指すグループ勉強会に積極的に参加した。彼女に模擬授業の指導をしたところ，その吸収の早さに驚かされた。それは，彼女が多くの人と協働する経験を重ねて磨いてきた人間力，人と関わる能力の大きさ，物事に能動的に関わることのできる力によるところが大きいと感じた。彼女は，自分の良さや強みを生かしていた。多くの人と積極的に関わりを持ち，その結果さまざまな体験をした。失敗は当然あったと思う。しかし，だからこ

そ前向きで，動じることのない強いハートと明るさ，元気さを兼ね備えた若者
になっていた。

（3）合格に求められるもの

　すでにおわかりいただけたかもしれない。合格者は，人間として成長する資
質をもった人たちであった。人格の完成の道を歩もうとする若者たちであった。
逃げ出さない強さ，努力をし続ける強さ，責任を問われることを受け止められ
る強さ，失敗しても諦めない強さ，ショックから立ち上がる強さを身に備えよ
うとしていた。

　次に続くあなたたちに，エールとして述べておきたい。人間としての姿勢が
できているもの，人間性のしっかりしている人が，合格できるのだということ
を。みんなのために先頭に立とうとするものが，合格するのだということを。
失敗したことがあり，その失敗を乗り越えようとした経験があるから，合格で
きるのだということを。明るさ，前向きさ，謙虚さ，人として「華」（195ペー
ジ参照）のある人が，合格できるのだということを。

　反対に，すぐに文句や不平不満を感じたり，いったりするものは，合格しな
い。いい訳をしたり，人のせいにしたりしているものは，合格しない。いくら
頭の中で考えたり悩んだりしていても，努力を重ねないものは，合格できない。
そして，努力しないものは合格のしようがない。

　教員への道は，すでに始まっている。今をどう過ごし，どう生きるのかとい
うことと，教員の道はつながっている。教員に求められる学びの姿勢を獲得す
るためには，大学で自分から学ぶことである。

参考文献

梶田叡一『教師力再興』明治図書，2010年。

梶田叡一『内面性の人間教育を』ERP，2014年。

梶田叡一『たくましい人間教育を』ERP，2014年。

梶田叡一・加藤明監修『改訂　実践教育評価事典』文溪堂，2010年。

鎌田首治朗『真の読解力を育てる授業』図書文化社，2009年。

鎌田首治朗「『人間教育』と教師の仕事——教師の自己実現をめざして」『人間教育学研究』第1巻，2014年，37〜46ページ。

梶田叡一責任編集『教育フォーラム』金子書房（年2回発行）。

コラム 5
私たちの可能性——意志の力

　人の最もすぐれた能力は何か。それは，自分自身を環境や条件に適応さ
せる能力にある。いくら人間界一足が速くとも，その速さはチーターには
遠く及ばない。いくら人間界一力が強くとも，クマやゴリラの力にはかな
わない。では，そんな人間に備わった，他の生物にはないきわめて優れた
能力とは何なのか。そのひとつが，自らを育て，自らを変容させていく学
習能力である。

　その能力がいかに突出したものであったかを考えてみよう。私たちの先
祖は，猿であった。つまり，私たちの先祖は，長い時間をかけて猿から人
間になった。長い時間をかけたとはいえ，猿から人間になるという，きわ
めて大きな自己変革，自己変容。猿から人間という，その質的変化の大き
さ。ダーウィンの「進化論」を持ち出されるとわかったような気になるが，
その類い希なる変化，変容の力は驚くべきものである。私たちは，その
DNA を受け継いでいる。その DNA を，あなたたちは間違いなく持って
いる。

　ある猿が，木から降り，二本足で立ち，自由になった手で道具を作り，
それらのすべてが脳に大いなる刺激と発達を与え，言葉を獲得し，文字を
獲得し，文化，文明を開き，今に至ったといわれている。フリードリヒ・
エンゲルスは，有名な『猿が人間化するにあたっての労働の役割』の中で，
猿から人間にかわる過程において労働が果たした役割について述べている。
私たちの先祖が強い獣に追われ海に逃げ，海の中で二本足になりやすくな
り，その後地面でも二本足になったという話もある。

　しかし，なぜ，先祖は地面に降りて二本足で立とうとしたのか。海の中
で二本足になれたからといって，その後地面の上でなぜ二本足になろうと
したのか。そもそもなぜ，人間になれたのか。

「捕りたい獲物がいたから」、「たまたま立った」、「上手に降りた仲間がいたから」など、解はいくつも考えられる。しかし、捕りたい獲物がいるなら、むしろ普段から動き慣れている四本足歩行のほうが有利かもしれない。たまたま立ったのなら、またもとの四本足歩行に戻るはずである。上手に降りた仲間がいたのなら、その猿はなぜ二本足で歩こうと思ったのか。自問自答の末、次の解に至った。

「先祖は、二本足で立とうと決めたから二本足になった」

　先祖は、木からたまたま降りたり、木から降りざるをえない出来事に遭遇して仕方なく降りたりしたのかもしれない。きっかけはさまざま考えられるが、二足歩行は、先祖の「二本足で立つ」という意志がなければ、もとの四本足歩行に戻ったであろう。そこには、「二本足で立つ」意志があった。だから、その後先祖は、紆余曲折はあっても四足歩行には戻らなかった。「二本足で立つと決めた猿」が、二足歩行になった。

　先祖は、「二本足で立つと決めた」から立った。この解から、後者の問いである「なぜ、人間になれたのか」の解を考えてみる。木から降りた猿は、先祖だけではなかったであろう。先祖と同じように木から降りたものの、人間にはなれなかった、人間にならなかった猿もいたはずである。二本足で立った猿も、先祖だけではなかったであろう。二本足になっても、複雑な道具を作ろうと思わなかった猿もいたかもしれない。つまり、途中までは進めても人間になれなかった猿と、人間になった猿との違いがある。その違いは何であったのか。それが「なぜ、人間になれたのか」という問いである。

　他にも木から降りた猿、二本足になった猿はいたかもしれない。しかし、彼等は人間にはなれなかった。人間になれたのは二足歩行を行おうという意志を持った何種類かの猿だけだった。その猿たちが、各民族の先祖にあたる。ちなみに二足歩行といえば、かの有名な肉食恐竜ティラノザウルスも二足歩行である。しかし、ティラノザウルスは、自由になった手が発達するどころか退化し、脳ではなく顎や牙、口が発達した。ティラノザウル

スと並べて語るのは申し訳ない気がするが，二足歩行を始めた猿のうち自由になった手を活用できない猿もいた。道具を作れなかった猿もいた。言葉を獲得できない猿もいた。しかし，私たちの先祖は，そのすべてを自らの生きる力でクリアした。ここでも，道を分けたのは意志の力ではなかったか。二本足で立ち続けよう，道具を作ろう，伝えたい気持ちを伝えよう，という意志の力である。前を向いて進み，明日に向かって生きようという意志を持った猿だけが，膨大な時間を経て人間へと進化していった。その意志が猿を人間にし，人間においては，意志より強い自分の思いである意志が人間一人ひとりの道を分けていく。進化の結果生まれた私たち人間は，今度は意志によって各自の道を決めていく。人間の持つすぐれた適応力は，意志の力があって発動する。

　この類い希なる適応力。自らの姿を猿から人間に変えてしまうほどのその力の強大さ。あなたたちは，そのDNAを受け継いでいる。凄まじい適応力を確かに受け継いだ「人間」なのである。他の生物に比べると強大とも言えるこの大きな力を自覚していない人間がいる。意志の力を活かし，自分を磨いてほしい。意志は，決意によって明確になる。強い意志，決断がなければ，あなたたちの適応力，成長力は発動しない。

　自らを鍛え，成長させようと思えるかどうかが，自分を磨く大きな勝負のポイントである。見事その決意ができたのなら，その決意にふさわしい艱難辛苦，要するに苦労を自ら買って出ることである。苦労である以上，失敗を重ねることになる。しかし，それが学びになる。失敗から学び，何があっても前へ，前へ，進み抜くことである。進み抜いた先にこそ，見違えるように成長した自分がいる。

　未来とは，苦労することである。未来とは，失敗することである。未来とは，失敗から学ぶことである。未来は，前向きに強く生きようと決意することである。

　人が持つ他の生物には及びもつかない強大な能力である適応力を，あなたの意志によって発動させてほしい。その意志によって，人格の完成の道，自分磨きの道を進んでほしい。

索　引

(＊は人名)

あ　行

アセスメント（assessment）　119
あり方　5
【育成フェーズ】　91
意志の力　202
いじめ　66
インクルーシブ教育　94
＊ヴィゴツキー　118
ウェルビーイング（well-being）　33
美しい授業　79
営利企業等の従事制限　151
エンパワメント　143
オーセンティック・リーダーシップ　140
思いをつかむ力　25

か　行

学習指導要領　75
学習者理解　7, 8
学習説　112
学習目標　86
＊梶田叡一　2, 177
学級経営　93
ガバナンス　139
カリキュラム・マネジメント　133
環境閾値説　112
観察法　114
完全習得学習　2
気質　113
技術的熟達者　49
キャリア教育　69
教育公務員　147
教育実習　163
教育実習日誌　176
教育目標の分類学　2
教材研究　47
強迫的な信念　53

＊倉橋惣三　24, 39
苦労克服体験　20
経験知　175
検査法　115
研修　152
好意に満ちた語りかけ　104
合理的配慮　123
個人面接　193
言葉の力　75
子ども理解　47
個別の教育支援計画　124
コミュニティ・スクール　133

さ　行

サーバント・リーダーシップ　140
再帰性　44
作品の心（主題）　84
師　5
シェアド・リーダーシップ　139, 140
視覚的刺激　99
叱り方のコツ　104
仕組む　24
思考力，判断力，表現力等　71
自己受容　15
自己内対話　2
自己発見　15
自己評価　15
自己理解　13
実感・納得・本音　2
指導目標　86
自分解　6
自分磨き　11
自閉スペクトラム症　98
集団討議　192, 194
集団面接　193
主体的・対話的で深い学び　29, 77
守秘義務　150

条件付　147
省察（リフレクション）　49
省察的実践家　143
職務上の義務　149
職務に専念する義務　149
人格の完成　3
信念　52
信用失墜行為の禁止　150
信頼性　115
政治的行為の制限　151
静寂の時間　100
成熟説　111
【成長フェーズ】　91
セルフマネジメント力　137
全体対話　83
争議行為等の禁止　151
相互作用説　112

た　行

対話　77
「対話」活動　81
妥当性　115
チーム学校　126
知識及び技能　71
【秩序フェーズ】　91
【秩序フェーズ】の三本柱　97
知能検査　121
中1ギャップ　64
懲戒処分　157
聴覚的刺激　99
調査法　116
司（つかさ）　9
トークンシステム　106
特別支援教育　94
ともに育てる　26

な　行

ナベブタ型　138
2W1H　12
人間教育　1
認定こども園　23
年間の時数　75

は　行

発達アセスメント　119
発達検査　121
発達の最近接領域　118
場面指導　194, 196
パラダイムシフト　136
反省的教師（reflective teacher）　48
反省的実践家　49
人柄　26
不確実性　43
輻輳説　112
服務　148
服務の宣誓　149
不登校　65
＊ブルーム　2
文学的感動　84
分限処分　160
ペア対話　81
保育教諭　23
保育士　23
保育の指導案　30
暴力行為　66
法令等及び上司の職務命令に従う義務　149

ま　行

学びに向かう力，人間性等　71
身分上の義務　150
無境界性　44
免職　160
模擬授業　182
目標分析の手法　2
問題行動　66

や　行

やり方　5
ユニバーサルデザイン　95
幼稚園教諭　23
欲求　76
読みの交流　78
読みの多様性　78

ら　行

ラーニングストーリー　38
リーダー　137
リード・ザ・セルフ　137
理論知　175

わ　行

我の世界　1, 166
我々の世界　1, 166

欧　文

ASD　99
ESD　38
HSC　98
OJT　141
PCK　47
PDCA サイクル　21, 37, 132
SDGs（Sustainable Development Goals）　38
TALIS　131

《執筆者紹介》所属（2021年4月現在），分担，執筆順

梶田　叡一 _{かじ　た　えい　いち}　　桃山学院教育大学学長：はじめに

鎌田首治朗 _{かま　だ　しゅう　じ　ろう}　　編著者紹介参照：第1章，第11章，コラム

名須川知子 _{な　す　かわ　とも　こ}　　桃山学院教育大学人間教育学部教授：第2章

栫井大輔 _{か　こ　い　だい　すけ}　　桃山学院教育大学人間教育学部准教授：第3章

飯田真人 _{いい　だ　まさ　と}　　京都市立芸術大学美術学部教授：第4章

二瓶弘行 _{に　へい　ひろ　ゆき}　　桃山学院教育大学人間教育学部教授：第5章

松久眞実 _{まつ　ひさ　まな　み}　　桃山学院教育大学人間教育学部教授：第6章

八木成和 _{や　ぎ　しげ　かず}　　桃山学院教育大学人間教育学部教授：第7章

村上幸一 _{むら　かみ　こう　いち}　　嵯峨美術大学芸術学部教授：第8章

橋本光能 _{はし　もと　みつ　よし}　　武庫川女子大学共通教育部教授：第9章

安井茂喜 _{やす　い　しげ　き}　　桃山学院教育大学人間教育学部教授：第10章

《編著者紹介》

鎌田首治朗（かまだ・しゅうじろう）

桃山学院教育大学人間教育学部教授。

1958年　生まれ。

2014年　広島大学大学院教育学研究科文化教育開発専攻博士課程後期修了
　　　　京都市立小学校教頭，環太平洋大学次世代教育学部教授，奈良学園
　　　　大学人間教育学部教授を経て，2018年より現職。

主　著　『真の読解力を育てる授業』図書文化社，2009年。
　　　　『教職とは？──エピソードからみえる教師・学校』（共著），教育
　　　　出版，2012年。
　　　　『人間教育を視点にした教職入門』（共著），大学教育出版，2014年。

教職概論
──人間教育の理念から学ぶ──

2021年3月30日　初版第1刷発行　　　　　　　　　〈検印省略〉

定価はカバーに
表示しています

編著者　鎌　田　首治朗
発行者　杉　田　啓　三
印刷者　中　村　勝　弘

発行所　株式会社　ミネルヴァ書房
607-8494 京都市山科区日ノ岡堤谷町1
電話代表　（075）581-5191
振替口座　01020-0-8076

ISBN978-4-623-09153-9
Printed in Japan

シリーズ・人間教育の探究（全5巻）

梶田叡一／浅田　匡／古川　治　監修

A5判・上製カバー・256〜296頁・各巻本体3000円（税別予価）

杉浦　健／八木成和　編著

①人間教育の基本原理
　　——「ひと」を教え育てることを問う

古川　治／矢野裕俊　編著

②人間教育をめざしたカリキュラム創造
　　——「ひと」を教え育てる教育をつくる

浅田　匡／古川　治　編著

③教育における評価の再考
　　——人間教育における評価とは何か

鎌田首治朗／角屋重樹　編著

④人間教育の教授学
　　——一人ひとりの学びと育ちを支える

浅田　匡／河村美穂　編著

⑤教師の学習と成長
　　——人間教育を実現する教育指導のために

―――――― ミネルヴァ書房 ――――――
https://www.minervashobo.co.jp/